WILHELM BERNHARD
FÖRSTER LÜGE NICHT!

WILHELM BERNHARD

Förster lüge nicht!

BADISCHE JAGD-
UND BAUERNGESCHICHTEN
MIT ZEICHNUNGEN
VON LOTHAR ROHRER

ROSGARTEN VERLAG GMBH
KONSTANZ

ISBN 3 87685 102 5

GESAMTHERSTELLUNG:
DRUCKEREI UND VERLAGSANSTALT KONSTANZ GMBH
KONSTANZ AM FISCHMARKT
EINBANDENTWURF: THEODOR WENGER

Inhalt

Hugo und der Hund

Ein pudeliges, grauschwarzes Wollknäuel, so war das herrenlose Hundle im Dorf aufgetaucht. Krummholz, der Wagner erzählte, daß er diesen Scherenschleifer unlängst beim fahrenden Volk gesehen habe. Unter einem Planwagen sei er im Staub der Landstraße mitgetrottelt. Letzthin war ihm sein eigener Kettenhund entlaufen, nun lockte er den verhungerten, halbwüchsigen Rüden mit einem alten Zigeunertrick an sich. Die Schulkinder hatten alsbald einen Namen für den Findling und riefen ihn »Zottel«.

Hätte er doch die Sippe der Sintis nie verlassen, der Zottel! Beim Wagner erwartete ihn nichts Gutes. Von Stund' an trabte er an einer schweren Kette zwischen Haus und Werkstatt hin und her, her und hin. Fürwahr ein Dasein zum Derbarmen. In kurzer Zeit war der fröhliche Vierbeiner nur noch ein Schatten seiner selbst. Kein Wunder wurde er bissig und bissiger. Der Krummholz verprügelte nun seinen Hund ebenso, wie er bisher schon seine Frau verprügelt hat.

Hugo, dem alten Waldhüter, war es zu verdanken, daß das gequälte Tier nicht längst eingegangen ist. Er sorgte dafür, daß der bedauernswerte Zottel, der, wundgescheuert von der schmiedeeisernen, rostigen Kette, bei der geringsten Berührung vor Schmerzen aufheulte, ein ledernes Halsband bekommen hat. Hugo war es, der dem armen Hund im Vorbeigehen stets ein freundliches Wort gegönnt, der ihm öfters einen nahrhaften Brocken mitgebracht, der ihn, wenn der Krummholz im Wirtshaus festhockte, heimlich ausgeführt hat.

Die zunehmende Freundschaft zwischen den beiden war dem Wagner ein Dorn im Auge. Er giftete sich mehr und mehr und suchte den Findling wieder loszuwerden und dabei womöglich noch ein Geschäft zu machen. Aber niemand wollte ihm den verdorbenen Hund abnehmen, und dem Waldhüter hätte er ihn nicht ums Verrecken gegeben. Doch das Schicksal hatte eine unerwartete Wendung bereit.

Eines Tages, um die Zeit des Mondwechsels, ging der jähzornige

Kerl wieder einmal mit einem Holzscheit in der Faust auf den Hund los. Im Nu hatte der Zottel seinen Peiniger am Kragen, riß ihm den Kittel entzwei und das linke Hosenbein vom Leib, um ihn alsdann vollends krankenhausreif zu beißen. Erst als der Krummholz hilflos am Boden lag, ließ der Sieger von ihm ab und trollte sich zähnefletschend in seine Hütte.

Kurzerhand ist der Hund von der Ortspolizeibehörde für tollwütig erklärt worden. Zugleich hat man seine sofortige Tötung angeordnet und ausgerechnet den Waldhüter »mit dem Vollzug beauftragt«, wie es im amtlichen Sprachgebrauch heißt. Hugo, überzeugt davon, daß der Rüde völlig gesund war, wehrte sich mit allen Ausflüchten, die nur ein gerissener alter Jäger parat hat, gegen die Exekution. Gleichwohl mußte er den dienstlichen Auftrag ausführen. »Wes' Brot ich eß', des' Lied ich sing'.«

Wie mag sich wohl der ahnungslose Zottel darüber gefreut haben, daß ihn sein Freund, die Flinte auf dem krummen Rücken, zu einem Waldgang abgeholt hat. Als er mit dem langen Kälberstrick an einer Buche angebunden war, stellte er sich schweifwedelnd auf die Hinterläufe, ein schlechtes Ziel! Dem Hugo war es wind und weh zumut. Ist er auf der Jagd mitunter schon von heftigem Wildfieber geschüttelt worden, so befiel ihn nun angesichts des meuchlerischen Vorhabens ein Tatterich, wie er ihn zuvor noch nie erlebt hatte. Wer möchte auch seinen besten Kameraden füsilieren? Trotzdem: Es mußte sein, je schneller, desto besser. Also wackelte der alte Mann das Korn mitten ins Leben des Hundes, drückte dann beide Augen zu und zog ab, »in Gott's Name«.

Geraume Zeit erst, nachdem das Echo verhallt war, wagte der Mörder wider Willen, seinen umflorten Blick auf den, wie er meinte, zusammenkartätschten Zottel zu richten. Was er im stillen befürchtet hatte, war nicht eingetreten. Er brauchte keinen zweiten Schrotschuß anzubringen. Von der Buche baumelte ein kurzes, zerfetztes Ende des Kälberstricks herunter. Das längere schleifte der Todgeweihte wohl hinter sich her. Nach dem Fehlschuß hatte er sich schleunigst aus dem Staub gemacht und war längst außer Sichtweite.

Von Gewissensbissen gepeinigt, trieb sich der Schlumpschütze stundenlang ziellos im Wald umher, bevor er sich endlich heimtraute. Dort lag der Ausreißer munter vor der Tür und sprang voll heller Freude an seinem neuen Herrn hoch. Selbstverständlich gab ihn der Hugo nicht wieder aus der Hand. Aus dem Zottel, der in der Quarantäne keinerlei Symptome von Tollwut zeigte, wurde mit der Zeit ein ganz manierlicher Haus- und Wandergenosse. Und wenn er nicht überfahren worden ist, lebt er heute noch.

Aller Anfang war schwer

Im Karlsruher Hardtwald, dem ehemaligen Wildpark, durfte ich als blutjunger Student zum ersten Mal Holz anweisen. Das ging so vor sich, daß ein vollbärtiger, wortkarger Förster, der aus Großherzogs Zeiten übriggeblieben war, auf diesen oder jenen Stamm deutete, an dem ich dann in Augenhöhe rechts und links mit dem Waldhammer je einen Schalm anzubringen hatte. (Keine Sorge, lieber Leser, auch für mich waren das damals spanische Dörfer!) Verständlicher ausgedrückt: Ich mußte mit einem Miniaturbeil von jedem Stamm einen ordentlichen Fetzen Rinde weghauen bis auf den hellen Splint. Auf diese Weise wurden früher allgemein die zur Fällung bestimmten Bäume gekennzeichnet. Die Erklärungen des Brummbären waren dürftig und verebbten vollends gegen Feierabend. Als die Schäfte der Kiefern ihre langen Schatten auf die Sandwege warfen, hatten wir beide genug. Meine Knöchel waren wundgescheuert von der groben Borke, die Hände voller Schwielen und Blasen. Vor meinen Augen tanzten lauter rote Stämme, mir wurde beinahe schwindlig. Um so aufgeräumter zeigte sich indessen der Alte. Jetzt endlich steckte er seine halblange Pfeife weg, die er den ganzen Tag über in einer Zahnlucke hängen gehabt hatte, und parlierte lustig drauf los.

Plötzlich fielen unsere Blicke auf ein merkwürdiges Etwas im Gewirr der unterständigen Hainbuchen. Neugierig gingen wir drauf zu und standen alsbald vor einem Erhängten, bei dessen Anblick mir vollends übel wurde. Der Förster, im Krieg und Frieden an allerlei gewöhnt, machte kurzen Prozeß. Er zog sein Waidmesser, als ob es einen Bock abzunicken gegolten hätte. Mit einem einzigen, kräftigen Schnitt trennte er den Strick vom Ast, den sich der Lebensmüde als Galgen ausgesucht hatte.

Er wird wohl einer jener sechs Millionen Arbeitslosen gewesen sein, meinten wir, als der arme Kerl zusammengesackt vor uns lag. Wenn wir ihn schon nicht mehr lebendig machen konnten, so wollten wir ihn doch wenigstens mit vereinten Kräften ordentlich ins Moos betten. Arme und Beine legten wir dorthin, wo sie hingehörten. Alsdann trug mir der befehlsgewohnte Mann auf, die Totenwache zu übernehmen, und gab mir Anweisungen, wie ich mich zu verhalten habe. Er selbst müsse auf der Stelle die Polizei verständigen, betonte er streng dienstlich. In spätestens einer Stunde sei er wieder zurück.

Also vergattert, ließ ich die Leiche nicht aus den Augen. Zunächst umkreiste ich sie, dann wachte ich sitzend, an einen Baum gelehnt. Mir war ganz brezelesmürb zumut. Endlich mit schwindendem Büchsenlicht kam mein sehnlichst erwarteter Förster. In seiner Begleitung befand sich ein unscheinbarer Mann, der Kriminaler, der augenblicklich an die ihm gewohnte Arbeit ging. Nachdem er nacheinander sämtliche Taschen des Erhängten um und umgedreht hatte, förderte er aus der letzten einen abgewetzten Geldbeutel mit einigen Pfennigstücken zutage. Dann erst schaute er dem Toten ins verzerrte Gesicht. »Ha, den kenn' ich doch!« entfuhr es ihm im breitesten Karlsruherdeutsch. »Der war bei der Sparkass'. Jaja, do gibt's als so Sache'.«

O Schwarzwald, o Heimat

»Kaal«, s-prach seine Gattin, »Kaal, nu s-perr dich nich länger und besuche endlich den S-tephan. Ihr seid doch die besten Kameraden gewesen.«

Ja, das waren sie. Stephan hat nach seiner Entlassung aus der Gefangenschaft in einen Schwarzwälder Bauernhof eingeheiratet. Kriegerwitwen gab's ja genug. Karl, den das Schicksal von der Waterkant an den Bodensee verschlagen hatte, leitete einen bekannten gastronomischen Großbetrieb.

An Urlaub war bisher überhaupt nicht zu denken. Aber dann, im Spätherbst, nach Ende der Saison, konnte sich Karl endlich einmal freimachen und fuhr zum Stephan. Mit der Schwarzwaldbahn und mit den größten Erwartungen.

Schwarzwald, das waren für den Hamburger hohe Berge und dunkle Wälder, Kuhherden, Glockengeläut und saftige Matten. Das waren stattliche, strohgedeckte Gehöfte, Kuckucksuhren und bildhübsche Mädchen, die, von Plakatwänden herab unter ihren Bollenhüten verführerisch lächelnd, dem Fremden Kirschwasser und Schinkenspeck anboten.

Es war ein Kunststück, den am Ende der Welt gelegenen Taubenhof ausfindig zu machen. Endlich am späten Nachmittag hatte der des Marschierens nicht mehr gewohnte, alte Krieger sein Tagesziel, die seltsamerweise in einen evangelischen und einen katholischen Ortsteil gespaltene Gemeinde, erreicht.

»Cuius regio, eius religio«, hieß es ehedem; verständlicher ausgedrückt: »Wes' Knecht ich bin, des' Lied ich sing'.« Daher kam es, daß schon die Altvorderen im Taubenhof protestantische Gesangbücher hatten.

Die Begrüßung fand in der rauchgeschwärzten Küche statt. »So, sin Ihr do?« – eine für Karl völlig fremde Sprache. Nur soviel wenigstens verstand er, daß sein Freund Stephan noch nicht von der Waldarbeit zurück war. Die Taubenbäuerin schwätzte unentwegt auf den hilflos lächelnden Mann ein. »Do«, sagte sie und tippte mit dem Zeigefinger an ihre Stirn, »hät er was druff, der Stephan. Aber do isch gar nix drin«, schränkte sie ihr Lob ein, indem sie Daumen, Zeige- und Mittelfinger aneinanderrieb. Allein mit ihrer lebhaften Zeichensprache konnte sich die Frau dem verdutzten Gast einigermaßen verständlich machen. Ihr weiter, kleingemusterter Baumwollrock stank nach einem Gemisch von Bock und Kuhstall und starrte vor Dreck. Aber das hinderte sie nicht, ein Trinkglas damit auszureiben, das sie randvoll mit Schnaps füllte und dem Besucher reichte. Damit ließ sie ihn stehen und machte sich wieder an die Stallarbeit. Echte Gastfreundschaft ist in jenem Landstrich bei arm und reich schon immer gepflegt worden.

Es dämmerte bereits, als der Stephan heimkam. Um in die Wohnstube zu gelangen, mußten die beiden, Stephan voraus, über Berge von Reiswellen klettern. Drinnen herrschte ein heilloses Durcheinander. Der Jüngste saß mit schwarzverschmiertem Gesicht in seinem Ställchen und lutschte vergnügt an einer Speckschwarte.

Alsbald hatte sich die sechsköpfige Familie zum Vesper um den Tisch versammelt. Fridel, die Konfirmandin, war schwanger. »Bei der hat's gschnaglt«, klärte der stolze Stiefvater seinen Kriegskameraden in der Landsersprache auf. Teller gab es keine, nicht einmal Brettle. Den Speck schnitt sich jeder auf der ohnehin schon fettigen Tischplatte, sofern er, wie die zwei Männer, ein scharfes Sackmesser bei sich trug. Die Kinder, entschuldigte sich die Bäuerin, hätten beim Rübenschnitzeln fast alle Messer abgebrochen. Ach, du liebe Güte! Hinterher beim Heidelbeerwein haperte es dann mit den Gläsern, von denen die meisten angeschlagen, die wenigsten sauber waren. Wenn, wie man sagt, das Auge mittrinkt, dann Prost!

Für Karl, den Ästheten, der von Berufs wegen in seinem ganzen Leben auf peinlichste Sauberkeit und Ordnung bedacht war, muß die Begegnung mit dem Veteranen in dessen Milieu niederschmetternd gewesen sein. Er bedauerte seinen Kameraden aufrichtig.

Seine Frau sandte der Fridel ein den Umständen entsprechendes Konfirmationsgeschenk. Dann verlor man sich aus den Augen.

Nach vier Jahren kam von der Taubenbäuerin eine Postkarte mit der traurigen Mitteilung, daß ihr Mann gestorben und übermorgen

»d'Licht« sei, das Leichenbegängnis. Hinter dem kaum leserlichen Namenszug stand das Wort »Witwe«.

Am Tag der Beerdigung war es bannig kalt da oben. Karl war bei Eis und Schnee auf den Taubenhof gefahren, diesmal mit dem Wagen. Am Äußeren des verwahrlosten Hauses hatte sich nichts geändert, und die Ärmlichkeit der Bewohner schien eher noch größer geworden zu sein. »Nicht einmal Mäntelchen haben die Buben angehabt«, berichtete Karl seiner Frau, die ihn abends im Bett aufwärmen mußte. »Und denke dir nur: Bei der Fridel hat es zum zweiten Mal geschnackelt.«

Die Nackte und die Nonne

In der kleinen Stadt am Hochrhein war wie gewöhnlich der Markt gegen elf Uhr verloffe.

Der Wälderbur mit seiner Sofie neben sich und einem Wurf quiekender Ferkel hinter sich fährt im Einspänner heimzu. Außerhalb der ehemaligen Stadtmauer hält er an. Die Bäuerin steigt ab, um im Lädeli, einer Gemischtwarenhandlung, noch einiges einzukaufen. Zwischen Landfrau und Ladnerin besteht ein enges Vertrauensverhältnis. Wechselseitige Geschäfte, die nicht ohne gewisse Zeremonien abgewickelt werden, verbinden die beiden seit Jahren.

Indem die Krämerin von der gewünschten Ware noch etwas auf die Waagschale legt, dann Überschüssiges mit drei spitzen Fingern wieder wegnimmt, stellt sie die gewohnte Frage: »Wöllen Ihr noch öbis oder isch des alles?« Die Bäuerin überhört es heute. Mit ihren Gedanken ganz woanders, nutzt sie die Gelegenheit des Alleinseins mit der Geschäftsfrau. »Was i scho lang han froge welle«, beginnt sie bedächtig und fährt, scheu um sich blickend, mit gedämpfter Stimme fort: »Ihr sin doch scho im Bad g'si – oder? Wisse Ihr, ob m'r sich do ganz usziehge muß?« Und, als ob sie der belustigten Frau eine Erklärung schuldig wäre: »D'r Mann hät's nämlich scho lang triewe (betrieben, darauf gedrängt).« Die Händlerin versteht. Mit der Einrichtung, mit Sitten und Gebräuchen im Badhaus ist sie wohlvertraut. Die Annehmlichkeit eines heißen Wannenbades, die Wohltat einer kalten Dusche weiß sie beredt zu schildern, bis die Ladenglocke scheppert und eine weitere Kundin eintritt. Das Gespräch wird jäh abgebrochen. Das wär's dann also für heut'.

D'Sofie zahlt, verläßt den Kramladen und nimmt wieder Platz neben ihrem Mann auf dem Bock. »Helf m'r d' Säuli ablade!« war alles, was der Wälderbur nach einstündiger, schweigsamer Fahrt seinem Weib zu sagen hatte. Was die Bäuerin nach der Unterhaltung im Lädeli in ihrem Innersten bewegt hat, behält sie für sich. Daß Frauen, die ins Bad

gehen, vom Herrn Pfarrer mit einem Schimpf- und Schandnamen aus dem Alten Testament – freilich auf gut deutsch – bedacht werden, will ihr nun nicht mehr einleuchten. Gerechterweise muß jedoch gesagt werden, daß es dem geistlichen Ordnungshüter fernlag, das moralisch einwandfreie städtische Wannenbad zu diskriminieren. Die Zeiten, als es um Ordnung und Sittsamkeit in den öffentlichen Bädern nicht sonderlich gut bestellt gewesen ist, waren ja auch längst vorüber. Nein, seine Philippika galt allein den gewissen weiblichen Feriengästen und einigen Stadtrandschönheiten, die im Freibad am Bach – für die Buben eher ein Krottenweiher – mit ihren Reizen nicht sorgsam genug umgingen. Trotzdem blieb die Sofie, wie arg sie auch der Wunderfitz plagte, weiterhin lieber wasserscheu. Bis sie schließlich doch zu ihrem ersten Bad kam, unerwartet und unfreiwillig.

Bei drei Geburten war alles gut gegangen. Diesmal aber ist sie von der Hebamme zur Untersuchung ins Spital geschickt worden. Auf den ersten Blick hatte die ansonsten argwöhnische Bäuerin zu der gleichalterigen, blonden Frau Doktor Vertrauen gefaßt. Unbefangen beantwortete sie deren Fragen und wurde alsbald wieder hinausbeordert. Die Ärztin hieß sie im Flur warten und gab der Schwester einen Wink. »So geht das nicht. Stecken Sie die Patientin erst einmal ins Bad.« Diese, zu tun, wie ihr geheißen, schritt mit der schwerfälligen Frau langsam dem Ende des Korridors zu. Als die Jüngerin des Hippokrates ein wenig später aus dem Untersuchungszimmer trat, vernahm sie aus dem Baderaum mörderische Schreie und gellende Hilferufe. Jegliche Würde außer acht lassend, rannte die weiße Göttin, so schnell wie sie konnte, an den Ort des Schreckens und riß die Tür auf. Drinnen klammerte sich die bedauernswerte Sofie krampfhaft an die Ordensfrau. Ein frivoles Bild: Die Nackte und die Nonne!

Angesichts der riesigen Wanne und des rauschenden Wasserschwalls hatte es die Ärmste mit der Todesangst zu tun gekriegt. Selbst der energischen Doktorin gelang es nur mit Mühe, die vergelsterte Frau zur Vernunft zu bringen. Diese riß sich schließlich von der Schwester los, sank ihrer vermeintlichen Lebensretterin schluchzend in die Arme und stammelte: »Wo i doch it schwimme ka.«

Und was der Bauer dazu gesagt hat? »So e Kumedi. Mir kommt keini meh' ins Krankehus.«

Hahnenbalz

Die Dame bekam einen gelinden Schreck, als ihr Zenzi, die jüngste der drei Töchter, eröffnete, sie werde am nächsten Tag mit zwei Forstleuten zur Hahnenbalz auf eine Hütte fahren. Man war damals – notabene – mit 20 Jahren noch nicht volljährig.

»Das wäre ja noch schöner, allein mit zwei jungen Männern, dazu noch mit Jägern, auf einer einsamen Hütte zu nächtigen. Womöglich mitten im Wald?«

»Aber Mutti, Jäger sind doch auch Menschen.«

»Eben deshalb.«

Daß man nicht allein sei, weil im Erdgeschoß der geräumigen Hütte eine Holzhauerfamilie wohne, schien die besorgte Mutter wenig zu beeindrucken. Sie steckte erst dann etwas zurück, als ihr die Tochter entgegenhielt, daß ja auch der Großvater, wie einstens Nimrod, ein gewaltiger Jäger vor dem Herrn gewesen sei (und überdies ein toller Hecht, was jedermann in der Familie gewußt hat).

»Was sagst denn du dazu, Felix?« rief die Dame, um abzulenken, ihren Mann zu Hilfe. Felix schwieg, und damit war der Fall entschieden.

Die Forstassessoren in ihren schmucken Uniformen kamen, wie verabredet, anderntags gegen elf Uhr vorgefahren. Nachdem sie sich bekannt gemacht und die unverblümte Neugier der Frau Apotheker gestillt hatten, schien die Dame sichtlich erleichtert. Sie hatte sich bisher Förster ganz anders vorgestellt. Aber diese netten jungen Herren waren anscheinend »was Besseres«, wie sie sich auszudrücken pflegte. Die beiden, von Jugend auf befreundet, sind keine heurigen Hasen mehr gewesen. Als Achtzehnjährige hatten sie ihre ersten Jagdpässe gelöst. Jetzt trug jeder schon seinen zehnten in der Tasche. Anläßlich dieses Jubiläums sollte der Glücklichere von ihnen einen Auerhahn erlegen.

Nach einem üppigen Mahl fuhr man zu dritt los. Mit Fahrer und

Sozius und mit der Zenzi im Seitenwagen blubberte die schwere BMW-Maschine bei strahlendem Frühlingswetter auf der Rheintalstraße Freiburg zu und weiter durchs Höllental nach Hinterzarten. Der Feldberg lag in gleißender Sonne unter Schnee und Eis.

»Auch hier fristet ein Förster sein Dasein.« Mit diesen Worten hielt der Fahrer am Waldrand vor einem einsamen Haus an, dessen Giebel ein Hirschgeweih zierte. Er stieg ab, holte den Hüttenschlüssel und erkundigte sich nebenher nach dem Stand der Balz.

Bald war die Rufenhütte erreicht, ein schindelbeschlagenes Schwarzwaldhaus en miniature mit Walmdach und einem Brunnen vor der Eingangstreppe. Eilends wurde ausgepackt, angeheizt und eingerichtet. Alsdann begab sich der Beifahrer, den man nach altem Brauch ebensogut Beijäger nennen könnte, zum Munitionieren – so redete er sich 'raus – ins Rinkenwirtshaus. Der andere suchte inzwischen zusammen mit der Zenzi den Balzplatz im Wunderlemoos auf. Dort wartete das Paar in Deckung ab, um die Hahnen zu verhören.

Mindestens drei Auerhähne müßten auf dem Balzplatz sein, berichteten sie nach ihrer späten Rückkehr. Einer davon, ein ganz starker, habe sich nicht weit von ihnen eingeschwungen. Mit Müh und Not hätten sie sich schließlich, ohne den Hahn vergrämt zu haben, davonschleichen können.

Zum Vesper gab es Speckeier, Bauernbrot und Markgräfler Wein. Während des Essens war von nichts anderem die Rede als von Auerwild und Hahnenjagden. Danach überboten sich die Waidgesellen zum Ergötzen ihrer Begleiterin in der Nachahmung des Balzgesangs: Knappen . . . Triller . . . Hauptschlag . . . Schleifen. Während des Schleifens hüpften sie, das Mädel an den Händen haltend, zwei Sekundenlängen wie besessen auf dem knarrenden Bretterboden umeinander. »Übungshalber«, erklärten sie ihr. Als endlich genug geübt war, gaben sie die unglaublichsten Geschichten zum besten, erlebte und erlogene.

»Mein Chef«, erzählte der eine, »hat einmal einen Auerhahn geschossen, der wie ein Stein vom Baum gefallen ist. Der glückliche Jäger nahm ihn auf und legte ihn in seinen Rucksack, den er aber nicht zugeschnürt hat, damit der Hahn auskühlen sollte. Während er sich in Ruhe eine Pfeife stopfte, wird der scheintote Vogel, der nur gekrellt war, hoch und reitet samt dem Rucksack ab und davon.« – Der Beijäger ließ sich nicht lumpen: »Ein geflügelter Auerhahn schliefte in einen Fuchsbau, den er aber sofort wieder durch eine andere Röhre verlassen hat. Der verdutzte Jäger konnte gerade noch seinen zweiten Schuß anbringen, ohne zu merken, daß er damit zugleich einen kapitalen Fuchsrüden erlegt hatte, der den Hahn im Fang trug.«

Während der Feuerschein vom Hüttenherd her über die Stubendecke tänzelte und immer schwächer wurde, hatten sich die Freunde noch allerlei zu erzählen, indes die Zenzi längst eingeschlummert war.

Eine mondhelle, kalte Nacht empfing das Trio, als es um drei Uhr die Hütte verließ. Hahnenjäger und Beijäger kamen mit ihren Nagelschuhen leidlich gut voran. Dem Mädchen machten die vereisten Pfützen Schwierigkeiten, und einmal wären ums Haar alle drei zugleich hingehagelt. Doch schließlich war der Platz erreicht, an dem die Verhörer vor sechs Stunden ein weißes Taschentuch sichtbar zwischen die Wurzelanläufe einer auffallenden Fichte abgelegt hatten. Hier hielt die Jagdgesellschaft und machte eine kurze Verschnaufpause.

Bald war die Balz in vollem Gang. Die Jäger faßten das Mädel an beiden Händen und sprangen mit ihm, wie auf der Hütte, den Hahn an. Als sie fast auf Schußweite heran waren, drückte derjenige, der eigentlich den Hahn hätte schießen sollen, seinem Freund das Gewehr in die Hand. »Schieß du ihn«, flüsterte er ihm ins Ohr, »ich hab' schon einen an der Wand hängen.« »Ich auch«, tuschelte der Beijäger. Also wurde geknobelt, wobei der selbstlose Freund den kürzeren gezogen hat.

Der Auerhahn, taub und blind vor Liebe, konnte nicht ahnen, daß es dabei um sein Leben ging, und balzte lustig weiter. Er stand, von Ästen verdeckt – »verholzt«, sagt der Waidmann –, auf einem verwitterten Forlen-Überhälter und mußte um weitere zehn Schritte angegangen werden. Der Beijäger ließ nun die anderen zwei zurück und gedachte, beim nächsten Schleifen zum Sprung anzusetzen. Jetzt endlich wurde es dem Urhahn zu dumm. Polternd ritt er ab ins erste Morgenrot hinein und ward nicht mehr gesehen.

Kaum 20 Minuten dauerte der Rückmarsch zur Hütte. Nach einer Katzenwäsche am eiskalten Brunnen krochen die drei mit leeren Mägen nochmals unter die wärmenden Decken.

Um neun Uhr kam der alte Förster die Hüttenstiege hochgepoltert. »Die Herre singe' jo gar net«, war das erste, was er zu sagen hatte.

Dann fiel sein Blick auf den kastanienbraunen Wuschelkopf zwischen den rauhen Mannsbildern. Er brummelte etwas vor sich hin, wandte sich dem Herd zu und kümmerte sich um das niedergebrannte Feuer. Hernach beim Frühstück mußte der Graubart über das Jagdabenteuer, das die jungen Leute in allen Einzelheiten, auch das Stöckleziehen, lebendig zu schildern wußten, herzerfrischend lachen.

Die beiden Freunde haben noch lange von jener Hahnenbalz geschwärmt, und auch die junge Dame, die den einen der beiden Hahnenjäger geheiratet hat, wird dabei hoffentlich nicht den kürzeren gezogen haben.

Seltsamkeiten aus dem Leben der Herren von S.

Sein Vater, Forstmann wie er, hatte sich durch einen riesigen Kahlhieb in Form eines großen S, dem Anfangsbuchstaben seines altadligen und untadligen Namens, verewigt. Besser gesagt: Er wollte sich verewigen. Wanderer und Waldarbeiter, Heger und Jäger sollten angesichts der kuriosen, in der Geschichte des Waldbaus einmaligen Schlagfigur, wie sie sich von der gegenüberliegenden Talseite aus darbot, stets an deren Urheber, den Herrn von S. erinnert werden.

Doch daraus wurde nichts. Wind, Sturm und Sonnenbrand griffen den solchermaßen mißhandelten Bestand aus allen Ecken und Enden an. Die Umrisse des großformatigen Buchstabens, ursprünglich dem Nachruhm seines Trägers gewidmet, fransten mehr und mehr aus. Schließlich war von dem freiherrlichen Initial nichts mehr übriggeblieben als »eine schöne Sauerei«, wie sich der Waldbaureferent ausdrückte. Einer der bei uns seltenen, gefährlichen Oststürme hatte schließlich den Rest des durchlöcherten Altholzes vollends über den Haufen geworfen. Aus!

Allein das kleine V des Adelsprädikats hätte infolge seiner keilförmigen Gestalt eine Zeitlang überleben können. Doch darauf hatte der phantasiereiche Forstmeister, ganz anders als bei seinen Handzeichen auf allerlei Aktenbemerkungen, in diesem besonderen Fall verzichtet. Daß der Keil als Hiebsform bei Verjüngungen späterhin, in den 20er Jahren, geradezu das Symbol einer neuen forstlichen Weltanschauung wurde, konnte er freilich nicht ahnen.

Das also war der alte Baron. Der junge, ebenso weltoffen, charmant und liebenswürdig wie sein Vater, befreite sich nach einigen Eskapaden aus den Fesseln des schäbigen Staatsdienstes und machte sich selbständig. Er ließ sich von einem begüterten Onkel an Kindes Statt annehmen. Dabei war ihm von seinem Geschlechtsnamen als einziger nur der Anfangsbuchstabe, eben jenes S, geblieben. Immerhin erbte er Schloß, Gut und Wald. Sein bester Freund prophezeite ihm, daß dies alles innerhalb Jahresfrist entweder einem Juden oder einer andalusischen Tänzerin gehören würde. Der sollte sich gewaltig täuschen.

Im Osten lebte sich's ehedem auf den Gütern der Verwandtschaft meist annehmlicher und amüsanter als auf den eigenen. Bei uns muß es ähnlich gewesen sein. Ein Vetter unseres Freundes gestand mir unumwunden: »Mein Verwalter wird immer dicker, und ich werde immer dünner.« Der junge Schloßherr und Gutsbesitzer dagegen gedachte es anders zu machen. Er nahm die Wirtschaft selbst in die Hand. Ein Glücksfall wollte es, daß er eine tüchtige, bildhübsche Frau fand. Sie wies alle guten Eigenschaften einer Dame auf, zügelte ihn und hielt ihn an der Longe auf dem rechten Weg. Nun war's natürlich ex mit dem Ausbrechen.

Wir sahen uns nur noch selten, zuletzt bei der Beerdigung des falschen Propheten. Auf dem Weg zum Bahnhof sprachen wir von alten Zeiten. Wir unterhielten uns über dies und jenes. Ob er noch eifrig jage, fragte ich den inzwischen ergrauten Kreisjägermeister. »Ach, du weißt ja, mein Lieber«, erwiderte er mir mit brüchiger Stimme, »daß mit erlahmendem Geschlechtstrieb auch die Jagdleidenschaft geringer wird.« Ein wahres Wort. Heute jagt er, wie ich hören mußte, überhaupt nicht mehr.

Katzenkiller

Damals, als der Büssilimetzger noch gelebt hat, gab es nie Schwierigkeiten mit den überzähligen, lästigen Katzen. Was und wie's mit ihnen geschah, haben alle Dorfbewohner gewußt. Auch die Schulkinder, die dem Büssilimetzger trotz seines freundlichen Wesens ängstlich aus dem Weg gegangen sind.

Katzenschmalz gegen hartnäckigen Husten, ein Katzenfell gegen das Zipperlein sind schon immer probate Hausmittel gewesen. Die Peterle, Schnurri, Micker, Mohrle und wie sie alle geheißen haben, auf mancherlei Art um die Ecke zu bringen, hat dem allzeit hilfsbereiten Hausmetzger zwar kein besonderes Vergnügen, aber auch keinerlei Skrupel gemacht. Einer mußte es ja schließlich tun. Jetzt allerdings, da er selber den Weg alles Irdischen gegangen und Dutzenden von Katzen ins Grab gefolgt war, hatten die eifrigen Maus- und Vogeljäger eine Weile Ruhe. Die blinden jungen Kätzchen sind zwar nach wie vor in den Bach geschmissen oder im Brunnen versäuft worden, mit den wehrhaften alten Katern freilich wollte sich keiner gern anlegen. Der Büssilimetzger fehlte halt hinten und vorne.

Schlimm trieben es die Katzen im Pfarrhof. Nie und nimmer hätte es die alte Genoveva, die Seele des Pfarrhaushalts, übers Herz gebracht, auch nur eines der zarten Geschöpfe dem Henker auszuliefern. Mit der billigen Ausrede, man habe ja genug Platz im Haus, wußte sie den Pfarrer immer wieder zu beschwichtigen, wenn er – wie oft schon? – unter dem Katzenvolk endgültig aufzuräumen gedachte. Sogar Spätjahrskatzen hat sie aufgezogen, obwohl die doch überhaupt nichts taugen. Der Nonnenmacher, für Pferde, Großvieh und Schweine zuständig, hielt es für unter seiner Würde, sich mit Katzenrollern abzugeben. Und kein Mensch dachte daran, den jungen Tierarzt zu bemühen, der, nicht anders als der Teufel, in seiner Not auch Fliegen gefressen hätte.

Schließlich kam's so weit, daß im Pfarrgehöft mehr Katzen als

Mäuse, mehr Jäger als Nager ihr Unwesen trieben. Zur Ranzzeit haben auf dem Staffelgiebel der alten Zehntscheuer wahre Monsterkonzerte der liebestollen Kavaliere stattgefunden, die gewöhnlich in lautstarke Schlägereien ausarteten. Das nächtliche Geschrei und Gekeife wurde zur Plage für Hausbewohner und Nachbarn. Und noch was: Die Miezen scherte es nicht im geringsten, daß die alte Vev auf peinlichste Sauberkeit im Haus bedacht war. Ja, um es unverblümt zu sagen, es stank saumäßig. Gestunken hat's schließlich auch dem Pfarrherrn.

Da konnte nur einer helfen, Hubert, der Förster. Vor 20 Jahren einer der tapferen Ministranten, wie der Priester seine Meßbuben nannte, war er dem Geistlichen noch immer verbunden wie dieser ihm. Hinter dem Rücken der ahnungslosen Alten wurde ein Komplott geschmiedet. Was blieb dem geplagten Pfarrer schon anderes übrig?

»Pro Katz' eine Flasche Cognac. Einverstanden?« – »Ja, abgemacht.« Ein einwandfreies Geschäft für die beiden Ränkeschmiede.

Nur weil die verwöhnten, fetten Küchenmiezen allesamt handzahm waren und in ihrer Dummheit nichts Böses argwöhnten, ging der Handstreich ohne Bisse und Kratzer ab. Der Förster kam, packte die nächstbeste in einen Sack und fuhr damit in den Wald. Dort bereitete ein Schrotschuß dem Katzenleben ein schmerz- und ruhmloses Ende. Nach Rückkehr ins Pfarrhaus erstattete Hubert Vollzugsmeldung und bekam seine Flasche Cognac in die Hand gedrückt. So ging das den ganzen Vormittag weiter, bis es dem Auftraggeber offenbar zu viel geworden ist. »Jetzt langt's, jetzt langt's!« rief er aus, als sein Komplize zum fünften Mal den Judaslohn entgegengenommen hatte und schon drauf und dran war, das halbe Dutzend voll zu machen.

Togo und Samoa

Nach einer herbstlichen Treibjagd saßen die Forstmeister von Kandern und Oberweiler wieder einmal im »Ochsen« zu Feldberg bei der schönsten Wirtin des Markgräflerlandes. Dort haben sie sich in aller Gemütlichkeit einige »Auggemer Viertele« genehmigt. So nannte man jene eigentümlichen Trinkgefäße in Kegelform, die, anders als die landläufigen Römer, nicht nur einen Viertelliter, sondern deren zwei faßten. Leider gibt sie's schon lang nicht mehr. Dies nebenbei.

Kurzum, es ist spät geworden. Doch wenn es ums Jagen und um den Schüsseltrieb ging, war den beiden Kumpanen kein Opfer ihrer Frauen zu groß. Auch damals hatten sie die Damen mit ihren Strickstrümpfen zu Haus warten lassen. Gegen Mitternacht bestiegen sie die Kutschen. Der eine fuhr in Richtung Oberweiler, der andere nach Kandern.

Am nächsten Tag rief der Kandermer seinen Freund und Kollegen Otto in Oberweiler an. »Wie geht's?« begann er harmlos. »Ha, gut. Nur meine Frau hat heut morgen beim Frühstück g'fremdelet.« »Kein Wunder! Du mußt ja einen Kanonenrausch gehabt haben, daß dich dein eigener Hund nimmer gekannt hat. Der Togo (so hieß der Rüde, denn man lebte in der Kolonialzeit) ist mit mir heimgefahren. Hol ihn halt ab, und eine Empfehlung an die Frau Gemahlin. Notabene: In der ›Krone‹ ist heut Metzgete.«

Dabei hatte der Schlaukopf absichtlich verschwiegen, daß er, im irrigen Glauben, der fremde Rüde sei seine Samoa, diesen im Wagen mitgenommen und daheim zu der läufigen Hündin in den Zwinger gesperrt hat. Alles im Suff! Die beiden Jagdhunde machten sich's für den Rest der Nacht lustig. Samoa war ein gerissenes Luder, bekannt in allen Gassen und Gossen. Die Folgen blieben nicht aus: Nach neun Wochen ließ der Kandermer den aus Oberweiler wissen, daß Samoa sechs Welpen geworfen hat, alles Mohren. »Such dir einen 'raus und hol ihn, aber noch vor der Fasnacht!« »Chefhund'«, brummte der Schreibforstwart hinter seinem Stehpult, »Chefhund' sin no nie nüt g'si.«

Primiz im Schwarzwald

Zwischen Berg und Bach, in dem wildromantischen Schwarzwaldtal ist es mit freundnachbarlichen Beziehungen noch nie weit her gewesen. Unterschwellig gluste heimlicher Hader zwischen den beiden Dörfern, deren Bewohner, abgeschlossen von der Welt, in Großfamilien auf ihren einsamen Höfen hausten. Wenn die jungen Burschen, unruhig wie Fuchsrüden während der Ranzzeit, umherstreunten, mußten sie verteufelt aufpassen. Gnad' Gott demjenigen, der sich in fremden Revieren von einem Nebenbuhler erwischen ließ. Kein Wunder, gab es so viele Altledige. Andere, sofern sie im elterlichen Haus entbehrlich waren, wählten den geistlichen Stand. Manche Jungfrau hat vorzeitig den Schleier genommen. Wie aber, so fragt man sich, sollte es unter diesen Umständen zu legitimen Verbindungen zwischen Bach und Berg kommen? Hatte sich dennoch gegen alle Widerstände ein Paar gefunden und wurde in der Umgebung nach des einen oder anderen Herkunft gefragt, dann hieß es nur geringschätzig: »Sie isch bloß vom Berg« oder mit Achselzucken: »Hä, er isch halt am Bach daheim.«

Zäh hielt man an althergebrachten Sitten fest. Dieser rühmenswerte Zug zeigte sich zumal bei kirchlichen Festen, unter denen neben den farbenprächtigen Fronleichnamsprozessionen die Primizen herausragten.

Daß an ein und demselben Tag im Berg wie am Bach gleich zwei junge Priester nach der Weihe ihre erste heilige Messe feiern durften, kam selbst hierzulande nur alle Jubeljahre vor. Als stille, schüchterne Schwarzwälder Buben waren die beiden einst miteinander in die Internatsschule am Fuß der Hornisgrinde geschickt worden. Ihre unter Heimwehtränen geschlossene Freundschaft hat Schul- und Studienzeiten überdauert. Ein mühevoller und dennoch beglückender Weg lag hinter ihnen. Was wird der nächste, schwerere Lebensabschnitt an Herausforderungen bringen? Werden sie ihnen gewachsen sein? Am gleichen Sonntag sollten die Confratres, von der allegorischen Gestalt des Primizbräutchens beim Festzug ins Gotteshaus begleitet, mit ihrer Kirche vermählt werden. In den beiden Gemeinden hatten die Jungmannschaften miteinander gewetteifert bei der Ausschmückung der Straßen, durch die man die Primizianten feierlich einzuholen gedachte. Nie zuvor waren die Kirchenportale festlicher geziert, noch nie sind an den Ortseingängen stattlichere Primizbogen aufgerichtet worden, einer schöner als der andere. Ja, *schöner* als der andere, das war's, was Neid und Mißgunst geweckt und die unter der Decke schwelende Flamme nachbarlichen Unfriedens erneut entfacht hat. Wie immer war der bejahrte Milchkutscher auch am Festsonntag frühmorgens als erster auf der Landstraße zwischen Bach und Berg unterwegs. Am Ortsausgang hielt er erschrocken seinen Schimmel an. Was er dort erblicken mußte, ließ ihm den Atem stocken. Der stolze Bogen, unter dem ein vollbeladener Heuwagen hätte durchfahren können, stand nicht mehr. Das mit Papierblumen und Sternen besteckte Tannenreis, das silberne Lamm, der goldene Kelch, alles verbrannt, verkohlt, geschändet! Das war kein gewöhnlicher Bubenstreich, das war ein Sakrileg, eine Gotteslästerung. So gut er's vermochte, räumte der Alte die qualmenden Trümmer beiseite und setzte alsdann, ein Bote des Unheils, talaufwärts seine Fahrt fort. Wie ein Lauffeuer breitete sich die Hiobsbotschaft aus und war schon vor Beginn der Feierlichkeiten in aller Munde. Den aufs tiefste betroffenen Neupriestern hätte an ihrem Ehrentag keine schmerzlichere Enttäuschung widerfahren können.

Daß die amtlichen Ermittlungen im Sand verlaufen mußten, war jedem klar, der die Ureinwohner und ihre Gedankenwelt gekannt hat. Immerhin haben – auch das war zu erwarten – die verstockten Sünder, einer nach dem anderen, schließlich doch den Weg zu ihrem Beichtvater gefunden. Dieser allein wäre demnach in der Lage gewesen, der Polizei auf die Sprünge zu helfen. Er durfte es aber nicht, weil ein geistliches Amt zu strengstem Stillschweigen verpflichtet.

Dürrständer und Holzbock

Der Barbaratag

Oft ist der einem Christenmenschen von lieben Zeitgenossen mit einem Spritzer mutwilligen Spotts angehängte Name zählebiger als derjenige, den er bei der Taufe Rechtens empfing. Treffender ist er allemal dann, wenn er sich ein Leben lang oder darüber hinaus gehalten hat. So wenigstens war es mit dem Spitznamen des Jörg, den sie den *Dürrständer*, und mit dem des Cyriak, den sie den *Holzbock* geheißen haben.

Der Dürrständer, wie die Förster einen abgestorbenen Baum nennen, war ein hagerer, ausgetrockneter Geizkragen, ein elender Knauser und Knicker. Cyriak, der Holzbock, heimlichfeißt und hinterfötzig, hat sich einmal in seiner eigenen Tannenschonung trotz seines selbstgemalten Schildes »Betreten verboten!« dabei erwischen lassen, wie er . . . Doch diesen Hasen wollen wir nicht noch einmal aufscheuchen. Beide waren Hauer in einem jener Bergwerke, von denen es im Schwarzwald vorzeiten viele gegeben hat. Jeder besaß seinen landwirtschaftlichen Nebenbetrieb mit einem Wäldle dabei, der eine mehr, der andere weniger. Obendrein waren sie Nachbarn, vor Ort verläßliche Kumpels, bei Licht besehen Spitzbuben.

Nach den landläufigen dichten Novembernebeln kündigte am 4. Dezember 1950 ein strahlender Sonnenaufgang den schönsten Barbaratag seit Jahren an.

Der Eigentümer des kleinen, aber einträglichen Spatwerks hatte für die Barbarafeier ein umfangreiches Programm aufstellen lassen. Am Vormittag sollte in der dem St. Georg geweihten Kapelle eine Messe gelesen werden. Hier und nicht minder im benachbarten Gasthaus »Zum silbernen Stern« hatte schon Grimmelshausen nach den Wirren des Dreißigjährigen Krieges Erbauung und Erleuchtung gefunden. Wie oft mag wohl der Schöpfer des »Abenteuerlichen Simplicissimus« zur Burg seiner Herrschaft hinaufgeschaut haben, auf deren Ruine nunmehr, 300 Jahre später und wiederum nach einem Weltbrand, die Festgäste ihre Blicke richteten, bevor sie das Gotteshaus betraten.

Der Weg dahin war mit nach Harz duftenden Tannen gesäumt. Der Dürrständer, als erster das Geschäft witternd, hatte sich angeboten, die Bäumchen in seinem eigenen kleinen Wald einzuschlagen und sie vor der Kapelle aufzustellen. Dem Chef war es recht so. Großzügig drückte er dem Mann einen schönen Batzen Geld in die Hand, viel zu viel, denn von Holzpreisen hatte er keine blasse Ahnung.

Drinnen, entlang den kahlen Kapellenwänden, standen auswärtige Knappen in ihren ernsten, schwarzen Uniformen Spalier. Neben der ersten Bankreihe, in der die Ehrengäste Platz genommen hatten, hingen die grüne, goldbestickte Fahne des heiligen Georg und ein schwarzes Banner der Bergleute. St. Georg und St. Barbara, zwei herausragende Gestalten unter den Vierzehn Nothelfern, rückte der Geistliche in den Mittelpunkt seiner Ansprache. Mit geschickt eingestreuten bergmännischen Fachausdrücken hielt er die Aufmerksamkeit seiner Zuhörer wach. An anekdotischer Ausschmückung seiner Kanzelrede ließ er es nicht fehlen. Das Wort von den »Sündern allzumal« wurde allerdings geflissentlich überhört, auch von denen, die es eigentlich anging. Der Dürrständer hockte auf seinem prallgefüllten Geldbeutel, und dieser drückte seinen brennmageren Hintern mehr als sein Gewissen. Daß er keinen Hosenknopf in den Klingelbeutel hat fallen lassen, war eins. Es wäre nicht das erste Mal gewesen. Je mehr so ein Spänbrenner im Sack hat, desto weniger rückt er 'raus.

So, als ob die Mahnungen des alten Pfarrers allein den anderen gegolten hätten, verließ jedermann das Gotteshaus mit der unschuldigsten Miene und unbeschwerten Herzens. In Erwartung des Festessens und eines bunten Abends waren Gedanken und Sinne der Kirchgänger längst abgeschweift in den weltlichen Bereich. Glaubt man den damaligen Berichten der örtlichen Presse, war die Barbarafeier in der Obst- und Festhalle *das* gesellschaftliche Ereignis des Jahres. Zugegen waren nicht nur Persönlichkeiten aus der Industrie, sondern auch Politiker, bei deren Einladung der Proporz streng beachtet worden war, und schließlich die Notabeln des Städtchens. Die Mehrzahl der Plätze hatte man der Belegschaft vorbehalten und den Bergleuten aus Bayern mit ihrer Kapelle, ihren Schlachten- und Trachtenbummlern.

Als um Mitternacht die Deckenbeleuchtung erlosch, kam das fahle, gespenstige Licht zahlreicher, von innen beleuchteter Pyramiden aus Fluß- und Schwerspat erst richtig zur Geltung. Es war ein märchenhaftes Bild. Die Musiker auf der Bühne hatten sich erhoben und spielten das Bergmannslied. Stehend sangen die Festteilnehmer mit. »Glück auf, Glück auf!« Endlich in den frühen Morgenstunden ging man auseinander.

Das Nachspiel

»Ende gut, alles gut«, konnten Gastgeber und Gäste nach jener denkwürdigen Barbarafeier mit Fug und Recht sagen. Aber man soll bekanntlich den Tag nicht vor dem dritten Abend loben.

Diesmal fiel der dritte Abend auf einen Montag, an dem der Holzbock Feierschicht gehabt hat. Da die Zeit herangekommen war, wollte er in seinem Wald nach Weihnachtsbäumen Ausschau halten. Doch zu seinem Ärger waren die schönsten Tannen bereits gestohlen. Sägmehl und Späne brachten ihn auf die Spur des Frevels. Gewöhnliche Christbaumdiebe, jene armen Teufel, die daheim einen Stall voll Kinder haben, konnten es nicht gewesen sein. Die hacken ihre Bäumchen mit stumpfem Beil in Angst und Eile kniehoch überm Boden ab. Nein, hier war ein Profi am Werk, der die Tannen ebenerdig abgesägt und saubere Wurzelstöcke zurückgelassen hat, mit Humus, Blattwerk und Reisig getarnt. Für den Holzbock gab es keinen Zweifel, wo der Halunke und das Diebesgut zu suchen waren. »Mord und Zigori!« entfuhr's ihm. »Des isch, bi Gott, kein anderer g'si wie der Dürrständer.« Der aber war in den nächsten acht Stunden unter Tag in Sicherheit. Der Holzbock nahm sich also Zeit und zinkte in aller Ruhe, falls es zum Schneien kommen sollte, diejenigen Plätze, an denen sich verräterisches Sägmehl gefunden hatte. Auf dem Heimweg überlegte er, was weiter zu tun sei.

Nach dem Vesper packte er Axt und Fuchsschwanz in seinen Rucksack, schwang sich aufs Fahrrad und fuhr schnurstracks talab, der St.-Georgs-Kapelle zu. Dort sah er auf den ersten Blick, was los war. Die Tannen – seine Tannen! – lagen zur Abfuhr bereit auf einem großen Haufen beisammen. Den Bestohlenen packte erneut die Wut. Um

seinen begreiflichen Ärger loszuwerden, stärkte er sich im »Silbernen Stern«. Ob die Tännle neben der großen Scheuer feil wären, fragte er den Sternewirt harmlos und nebenbei. Nein, die hätte der Dürrständer hier am Tisch einem Händler verschachert. »Gebraucht, aber gut erhalten«, fügte er hämisch hinzu. Das genügte dem Holzbock. Er bestellte noch einen halben Liter Klingelberger, schenkte dem Beizer und sich ein Glas davon ein und sprach von was ganz anderem. Dann wartete er ab bis der letzte Gast aufgebrochen war und ging unverzüglich ans Werk, indem er von jeder Tanne das Bodenstück absägte. Mit den Baumscheiben als corpora delicti im Rucksack machte er sich nach getaner Arbeit auf den Heimweg. Zum Schichtwechsel kam er gerade noch recht.

Damit war die Stunde des Dürrständers gekommen. Um seine Schäfchen vollends ins trockene zu bringen, mußte er das Frevelgut alsbald abführen. Erst die Ware, dann das Geld. So war's mit dem Händler abgemacht. Nachdem der Wagen beladen war, lud der Dürrständer den Fuhrknecht großzügig zu einer Flasche Bier ein. Dabei erfuhr er vom Sternewirt, daß der Holzbock dagewesen wäre und die Tannen, scheint's, gern gekauft hätte. O letz! Ihm schwante nichts Gutes. Und tatsächlich, als er mit der heißen Ware beim Händler vorgefahren kam, jagte der ihn saugrob vom Hof. »Lad' dein Schlorum ab, wo d'n g'stohle häsch!« Da stand er nun, der betrogene Betrüger. Eigentlich hätte er ja wissen müssen, daß die Nachrichtenübermittlung von Hof zu Hof nicht weniger gut funktioniert als die im afrikanischen Busch von Stamm zu Stamm. Wie, das wird dem Fremdling immer ein Geheimnis bleiben.

Indessen hatte der Holzbock zum letzten Schlag ausgeholt. Baumscheiben und Wurzelstöcke waren verglichen, die Paßstücke mit Försterkreide numeriert. Für die Katz', wie wir bald sehen werden. Am nächsten Tag stand er mit den Beweisstücken im speckigen Rucksack vor dem Geschäftsführer des Spatwerks. »Ah, schön, daß Sie kommen«, begrüßte ihn der aalglatte Herr. »Der Hauer Jörg ist in der bewußten Angelegenheit schon bei mir gewesen.« Er wies auf seinen Schreibtisch: »Hier liegt das Geld. Falls Sie auf eine Anzeige verzichten, können Sie's gleich mitnehmen. Es stimmt auf Heller und Pfennig. Überlegen Sie sich's.« – Da gab es nichts zu überlegen. Beide, der Dürrständer und er, hatten so viel Dreck am Stecken, daß sie einander hoffnungslos ausgeliefert waren. Der Holzbock nahm das Geld an sich und quittierte.

So elegant ist noch nie ein Waldfrevel aus der Welt geschafft worden. Allerdings hatte sich damit die ohnehin schon beträchtliche Dunkelziffer erschwerter Forstdiebstähle – zur Nachtzeit und mit der Säge begangen – weiterhin erhöht.

Makaber, makaber

Essen und Trinken hält Leib und Seel' zusammen. Zuviel des Guten hat freilich schon oft Leib und Seel' vorzeitig voneinander getrennt.

Der Huberbauer hat zwar blühend ausgesehen, gehörte aber trotzdem nicht zu den Gesündesten. Einige Herzattacken hatte er bereits hinter sich. Sein Lebendgewicht, weit über zwei Zentner, stand neuerdings wieder einmal in krassem Gegensatz zu seiner Körpergröße. Die Ratschläge des jungen Arztes hat er nie so genau genommen. »Mei' Herz, mei' Herz«, jammerte er und zog den Handel der schweren Wald- und Feldarbeit vor. Die überließ er dem ungeliebten Tochtermann, der den Huberbauer mit »Ihr« anzureden hatte. Hintenherum wurde der Alte dafür nur »d'r Schofseckel« geheißen.

Ausgerechnet dieser Schwiegersohn rief eines Nachts um ein Uhr beim Doktor an, er solle sofort kommen, »em Vatter« (sagte er diesmal) ging's ganz schlecht. Aha, der Föhn, dachte der Mediziner, zog sich eilends an und raste mit Vollgas talaufwärts. In Hofnähe stand der Schwiegersohn auf der Straße und schwenkte eine Stallaterne. »Ihr bruche nimme komme. Er isch scho hin.« Es bedurfte aller Überredungskunst des Doktors, ihn zu dem Toten – war er denn wirklich tot? – vorzulassen. In der Stube brannte Licht. Drinnen auf der Ofenbank saß der Bauer vor einem halbleeren Schnapsglas, die Ellenbogen auf dem Tisch, den Kopf in die Hände gestützt, tot!

Im Haus rührte sich nichts. Der Arzt ging auf die Suche. Man konnte doch die Leiche nicht bis in den hellen Tag hinein so überm Tisch liegen lassen. Aus der Küche kam ihm die Bäuerin jammernd entgegen. »Ich kann's net sehe, ich kann's net sehe«, schrie sie in einem fort. Ihr sauberer Schwiegersohn dachte nicht daran zu helfen, und die Tochter, im neunten Monat, konnte es nicht. Ja, wenn der Karl hiesig wäre, der Zöllner und Untermieter, aber der hatte Urlaub. Was er wohl sagen wird, wenn er zurückkommt und der Bauer ist nicht mehr im Haus? Jetzt hat den doch sogar die alte Magd überlebt, die – weiß Gott – seine

Mutter hätte sein können. Erneut fing die Witwe zu heulen an. Dem Mann der Praxis wurde das zu dumm. Kurzerhand brach er das unnütze Geschwätz und Gejammer ab und befahl der Bäuerin, ihm endlich zur Hand zu gehen. Der Arzt, im Krebsgang voraus, und die Frau schleiften den schweren Körper mehr, als daß sie ihn getragen hätten, in die Schlafkammer nebenan. Vor der hohen Bettstatt legten sie ihn nieder. Als sie nach mehreren mißglückten Anläufen schließlich mit Hauruck die Leiche hochgehievt hatten, purzelten sie alle beide quer darüber hin ins Bett. Der junge Arzt erzählte hinterher, er habe im Krieg ja allerlei erlebt; aber nein, so was und das mitten im Frieden. Da könne man wieder einmal sehen, was ein entseelter Körper sei: ein nutzloses Nichts. Der Pfarrer soll sich drei Tage später am Grab so ähnlich ausgedrückt haben. Aber vielleicht sind seine Worte mißverstanden worden.

Dem jungen Zollbeamten ist der frühe Tod seines Freundes sehr nahegegangen. Die zwei hatten sich immer prächtig verstanden. Kurz nach dem Trauerfall ist er versetzt worden und hat, wie man hörte, rasch Karriere gemacht.

Nach Jahren kam er mit seiner Frau zu Besuch auf den Huberhof. Das Ehepaar hatte sich auf einen Sonntag zum Monatsende angemeldet. Es wurde mit aller Gastfreundschaft aufgenommen. Das Festessen stand schon auf dem Tisch. Obgleich man bester Laune war, hat sich der Bauer vorzeitig dünngemacht. Während die alte Bäuerin das Geschirr abräumte, zeigte die junge der Stadtfrau Kuh- und Saustall. Karl hat sich indessen in seine ehemalige Kammer geschlichen. In dem düsteren Raum war ein unvorstellbares Durcheinander von allerlei Gerümpel. Über Eck stand noch immer die wacklige Bettlad'. Der Besucher traute seinen Augen nicht: Unter dicken Pfulben (Kissen) lag die greise Magd, quittengelb, mit spitzer Nase im verhutzelten Gesichtchen, tot! Eiskalt und stocksteif war sie schon. Entsetzlich!

Der Karl, gewiß kein Hasenfuß, floh aus der Schreckenskammer zur Bäuerin in die Küche und raunte ihr die grausige Entdeckung ins Ohr. Ja, sie wisse es, entgegnete ihm das herzlose Weib. Man habe die Leich' übers Wochenend' hinaus liegen lassen, absichtlich, wegen der Rente. Der Besuch, der so erfreulich begonnen hatte, wurde unter einem Vorwand abgebrochen. Nie wieder hat der Karl den Hof betreten.

Maßlos traurig

Kaum war der Forstmeister, ein alter Rauhbautz, in den Ruhestand getreten, kam seine Krankheit vollends zum Ausbruch. Unheilbar! Fragte man den Leidenden bei Föhn nach seinem Befinden, bekam man entweder eine saftige Unfreundlichkeit zu hören oder gar keine Antwort. Bei Hochdruckwetterlagen deutete er mit lässig gespreiztem Zeige- und Mittelfinger der erhobenen Rechten das Siegeszeichen an. Das sollte heißen, daß ihm der Arzt zwei Zigarren täglich erlaubt hatte.

Das Pfarrhaus war nur einen Steinwurf weit von der Wohnung des Pensionärs entfernt. Als sein Lebenslichtlein schwächer und schwächer wurde, suchte ihn wie von ungefähr sein Seelsorger auf, in Gestalt und Wortgewalt ein Abraham a Santa Clara. Der geistliche Herr tat so, als ob es sich um einen gewöhnlichen Besuch handelte, kam aber alsbald auf den gewissen heiklen Punkt zu sprechen. Und eh' sich's der Kranke versah, war er versehen. »So, Herr Nachbar, und jetzt trinken wir einen Cognac miteinander.« Auf dieses Stichwort erschien auch schon die in den Jahrzehnten der Ehe grämlich gewordene Gattin mit zwei gefüllten Cognac-Schwenkern. Eine abgekartete Sache! Der Sterbende konnte nur noch sagen: »Aber Spitzbuwe seid Ihr doch.« – Zwei Tage später krächzten die Dohlen um den Kirchturm, und der Mesner läutete das Sterbeglöckchen. Die Nachbarn horchten auf: »Sie läutet 's End'.«

Nach wenigen Wochen folgte die Witwe ihrem Mann ins Grab. Ach, es war eine der traurigsten Beerdigungen, die man je erlebt hatte. Jeder, der dabei war, fühlte es, ohne es auszusprechen. Die langjährige Forstamtsangestellte, Vertraute ihres Chefs und seiner Frau freundschaftlich verbunden, machte auf dem Heimweg die schmerzliche Bemerkung: »Jetzt, wo sie's endlich schön g'habt hätt'!«

Der Teufel im Seidenstrumpf

Im Teninger Allmend, dem Waldgebiet zwischen Emmendingen und Nimburg, ist's noch nie ganz geheuer gewesen. Die Alten wußten es, auch der Xaver, weiland großherzoglicher Domänewaldhüter und vereidigter Jagdaufseher. Zur Zeit der folgenden Begebenheit, vor ungefähr 50 Jahren, sah und soff er dem wohlverdienten Ruhestand entgegen.

Den größten Teil seiner Dienstzeit hatte er in einem Schwarzwaldrevier zugebracht. Dort sei er »ein Scharfer« gewesen, sagten ihm Bauern und Fuhrknechte nach – und Beerenweiber. Locker, immer griffbereit steckte der Bleistift in seinem Forst- und Jagdkalender, den er, wie der Spieß den Backstein, stets sichtbar zwischen dem zweiten und dritten Knopf seiner Litewka getragen hat. Nachdem er nun in die alte Heimat zurückgekehrt war, saß die Schnapsflasche nicht minder locker in der Backentasche seiner abgewetzten Hose. Vom Frühaufstehen hielt er schon lang nicht mehr viel und den Spätansitz hat er neuerdings vom Wald in die Wirtschaft verlegt.

Eines Abends war der Assessor mit seiner Frau draußen auf der Jagd. Sie sollte vom Hochsitz am Trauf Ausschau nach den Rehböcken halten. Er selber bezog 250 Schritte waldeinwärts eine Kanzel im Eichenaltholz.

Mit schwindendem Büchsenlicht kam der pensionsreife Xaver schwankend auf dem Waldrandweg dahergeradelt. Es war Zahltag, und da hatte er wieder einmal zu tief ins Glas geguckt. Vor dem Hochsitz ließ er sich vom Rad fallen und warf seinen verrosteten Göppel achtlos in den Graben. Dann keuchte er, unverständliches Zeug vor sich hinbruttelnd, langsam die kurze Leiter hoch. Die junge Frau, im Gezweig verborgen, suchte zunächst mit verhaltenen Zurufen, dann durch vernehmliches Zischen »sst, sst!« auf ihre Anwesenheit aufmerksam zu machen. Aber der Xaver in seinem Sarras sah und hörte nichts. Plötzlich hielt er statt der nächsten Leitersprosse einen Damenschuh in seiner Pratze. Mit einem greulichen Fluch rutschte er die Leiter 'runter und landete rücklings neben dem Drahtesel in den Brennesseln. In letzter Zeit war er öfters vom Fahrrad gehagelt, aber so flink hat er sich schon lang nicht mehr aufgerappelt. Wie ein Junger preschte er los. Der Leibhaftige, bildete er sich ein, war ihm hart auf den Fersen. Erst nachdem er den Feuerbach überquert hatte, wähnte er sich einigermaßen in Sicherheit. Schweißgebadet ist er in Reute angekommen. »Erscht emol en Schnaps!« rief er der Hirschenwirtin zu und zitterte dabei wie Espenlaub. Dann erzählte er, ein Gespenst, wahrscheinlich sogar der Teufel selber, sei auf der Leiter gehockt: als Weibsbild in Seidenstrümpfen und spitzen Schuhen. Den Pferdefuß freilich, den habe der Gottseibeiuns nach alter Gewohnheit hochgezogen. Den Schnabelschuh dagegen habe er, der Xaver, mit eigenen Augen gesehen und selber in der Hand gehabt. »Verdorre' soll sie, wenn i lüg'!« Dabei hielt er die Rechte hoch. Erst hat der Schwarze nur gekichert, dann aber wie eine Otter gezischt. Als er, der Xaveri, in höchster Not von der Leiter gestürzt ist und schier gar Hals und Bein gebrochen hätte, vernahm er ganz deutlich das Höllengelächter des Gehörnten. Wie Pech und Schwefel hat es, schwor er, hinter ihm hergestunken bis nach Reute. »Jo, m'r schmeckt's jetzt noch«, rief der Wegwart und Wilderer über den Tisch, »du wirsch halt vor lauter Angscht in d' Hose g'schisse ha.« Der Xaver fraß den Ärger über diesen Rotzbu, sein G'schwistrichkind, in sich hinein und spülte mit einigen Schnäpsen nach. Jetzt, da er alt geworden war, hatte er in dieser Runde ohnehin nichts mehr verloren.

Amüsiert hat sich auch der junge Forstmann, als ihm seine Frau den Besuch des Waldhüters auf dem Hochsitz schilderte – völlig anders freilich, als er von dem Alten zur gleichen Stunde im »Hirschen« wiedergegeben worden war. Es macht eben immer einen Unterschied, ob man etwas aus der Frosch- oder aus der Vogelperspektive betrachtet. Und schließlich lachte das ganze Dorf samt dem alten Pfarrer. Ja, meinte er, der Teufel käme in vielerlei Gestalten und Vermummungen daher. Sogar als unsichtbarer Geist in der Flasche würde er die Menschheit heimsuchen. An Männer allerdings mache er sich mit Vorliebe in Seidenstrümpfen und Stöckelschuhen heran. Und damit hat der erfahrene Seelsorger gewiß kein Beichtgeheimnis verraten.

Agathe

O Agathe!

Im Pfarrhaus des Schwarzwaldstädtchens war sie Beiköchin der alten Theres, Ausläuferin und Zuträgerin gewesen. Ihrem Namen »die Gute« machte sie alle Ehre. Tagaus tagein führten sie ihre Obliegenheiten in Ladengeschäfte und zu den Handwerkern rings um den Marktplatz. Dabei versäumte sie keine Gelegenheit, einen Blick in das Gotteshaus, die obere Kirche, zu tun. Mehrmals am Tag ließ sie sich zu kurzer Andacht unweit der Kanzel nieder. Freundliche Gevatterinnen wußten es: Früher oder später mußte Agathe auftauchen, der man alsdann die letzten Neuigkeiten zuflüstern konnte. Möchten sie doch auch die Beachtung des Hochwürdigen Herrn finden! Freilich hielt jener nicht viel von solcherlei weiblicher Nachrichtenübermittlung. Damit ging's ihm wie mit der Beichte, zum einen Ohr 'rein, zum anderen 'raus.

In Agathes unter der Schürze gefalteten, derben Händen – die Handflächen nach oben gekehrt – ruhten die ihr von mildtätigen Bäuerinnen zugeschobenen Eier, Speck- und Buttergaben sicher wie in Abrahams Schoß. Selbst ein Hähnchen oder ein Schnapsgütterli ließen sich auf diese Weise unauffällig entgegennehmen und von der Kirche in die Küche schmuggeln. Gott sei den frommen Spenderinnen gnädig! Sie selber glaubten fest daran und vertrauten auf Agathens Fürbitte. Dank deren verdienstvoller Tätigkeit blieb dem geistlichen Herrn die Sorge ums tägliche Brot erspart.

Mit der Pensionierung des hochbetagten Seelsorgers mitten in der allerärgsten Not der Nachkriegsjahre war auch die pfarrhäusliche Idylle zu Ende gegangen. Die beiden Frauen mußten das Haus verlassen. Die alte Theres zog zu ihren Verwandten aufs Land. Agathe, Perle und Engel, nahm den gebrechlich gewordenen alten Herrn zu sich in ihre bescheidene Wohnung. Sie betreute und pflegte ihn bis zu seinem letzten Seufzer.

Sein Tod hatte zwar ihren gewohnten Tagesablauf zunächst einschneidend verändert, aber die geistige Verbundenheit mit dem Priester blieb bestehen. Ja, sie hatte sich sogar mit dessen Heimgang noch weiter gefestigt. Häufiger als zuvor sah man die Gute in Kanzelnähe auf den Knien liegen. Kein Wunder also, daß einfältige Nachbarinnen ihrer Fürsprache noch gläubiger vertrauten als ehedem.

Nach wie vor wurden in jener Zeit Lebensmittel und Wohnräume streng bewirtschaftet. Kaum war der Pfarrer unter der Erde, setzte das Wohnungsamt, pietätlos wie Behörden nun einmal sind, dem Fräulein Agathe Huber von heute auf morgen einen Untermieter ins Haus. Obwohl dieser nur ein Beamter war, ein Weltmensch also, ließ ihm Agathe dieselbe Fürsorge angedeihen wie dem Verstorbenen. Man sieht, der möblierte Herr, ein junger Richter, hat es gut getroffen. Anstatt des ursprünglich vereinbarten Zimmers mit Frühstück bot ihm die Gute schon nach wenigen Tagen volle Pension an, Kost und Logis, wie das früher hieß. Aus diesem Grund nahm sie ihre karitative Tätigkeit wieder in vollem Umfang auf und hamsterte zusammen, was sie kriegen konnte. Der Zimmerherr machte sich wohl seine Gedanken darüber, wagte aber nicht, Güte und Reichhaltigkeit der täglichen Mahlzeiten mit den fleißigen Kirchenbesuchen seiner Wirtin in Zusammenhang zu bringen. Im übrigen teilte er mit seinem Vorgänger, dem verblichenen Pfarrherrn, die gesunde Auffassung, man dürfe einem guten Werk nicht in den Arm fallen.

Als es endlich soweit war, daß der Herr Amtsrichter die freigewordene Dienstwohnung beziehen und seine Familie nachkommen lassen konnte, bedauerte er insgeheim, sich von Agathes Fettöpfen trennen zu müssen. Daß die Gute ihm und seiner Frau auch in der schwierigen Übergangszeit selbstlos behilflich war, hat er ihr nie vergessen.

Sein Hausgarten, ein verwahrlostes Stück Land, gehörte gedüngt. Agathe wußte Rat. Ohne lang zu fackeln, ließ sie einige Karetten fetten Kuhmist anfahren. Mit gezücktem Geldbeutel fragte der glückliche Grundstücksbesitzer nach dem Preis. Agathe wehrte ab. Der Bauer wolle nichts dafür, er habe ihr lediglich aufgetragen, ein Vaterunser für ihn zu beten. Damit basta. »Aber, Agathe«, wandte der geradsinnige Jurist ein, »ich kann mir doch von einem Unbekannten nichts schenken lassen!« – »Schon gebetet«, schnitt ihm die Gute das Wort ab.

O Agathe!

Jagd der oberen Zehntausend

Nicht anders wird sie in forstlichen Kreisen genannt, die Treibjagd auf Hasen und Kingele, Hühner und Fasanen im Willstätter und Endinger Wald. Die Hierarchie der beamteten und unbeamteten Grünen bildet den Stamm der Jagdgäste. Hierzu gehören fraglos auch die Herren Waldbesitzer des höheren und des Heckenadels. Offiziere aus drei Nationen ergänzen das bunte Bild, örtliche Honoratioren runden es vollends ab. Förster und Berufsjäger halten das Heer der Treiber und Hunde im Zaum. Mit Streckelegen und anschließendem Schüsseltreiben nimmt diese ruhmreiche Jagd immer ein noch ruhmreicheres Ende. Als Student mußte ich wohl versehentlich auf die Gästeliste geraten sein. Nach vier Jahrzehnten hat man den Pensionär ebenso unversehens wieder gestrichen. Die Zeiten sind andere geworden.

In den 20er Jahren gestaltete sich der Ablauf dieser Jagd formloser und bescheidener als heute. Der Ton war rauher. Vor dem Offenburger Bahnhof erwartete ein mit kräftigen Hanauer Rössern bespannter Leiterwagen die Jagdgäste, die aus allen Richtungen angereist kamen. Treffpunkt vor und nach der Jagd war die Bahnhofswirtschaft. Nachdem man sich gestärkt hatte, fuhr man auf holperigen Wegen ins Revier. Dort gab der Forstmeister und Jagdleiter die Kriegsartikel bekannt. Einer der wichtigsten war der, daß jede erlegte Fasanenhenne, hahnenfedrige ausgenommen, den Unglücksschützen einen Doppelliter Durbacher Weißherbst kostete.

Waren die Herren angestellt, dann begab sich der mit einem Eichenknüppel bewaffnete Leiter der Treibjagd ins Zentrum des Geschehens. Hier saß er mäuselstill auf seinem Jagdstock. Während der Schrothagel von allen Seiten über ihm zusammenprasselte, überwachte der alte Knurrhahn mit Aug' und Ohr argwöhnisch, was rundum vor sich ging, und zählte die Schüsse. Entsprach das Treffergebnis nicht seinen hochgeschraubten Erwartungen, dann setzte es ein Donnerwetter ab, daß selbst die hochmögenden Herren Ministerialen vor ihrem minderen

Kollegen in Huberto die Schwänze einzogen. Wir jungen Waidgesellen mit unseren lächerlichen fünf Jahresjagdscheinen in der Tasche hatten den Schnabel zu halten und bemühten uns, nicht aufzufallen. Während des Frühstücks aus dem Rucksack saßen wir am Ende der improvisierten Tafel, weitab vom Feuer, froren wie die Hunde und lauschten den weisen Reden der Alten. Mein Jagdkumpan Franzl, der damals schon immer dabei gewesen ist, gibt heute die verstaubten Sprüche an die junge Generation weiter. »Wenn der Hahn von vorne kommt, mitten in die Fresse halten!« Bei seitlich anstreichenden Fasanen, den sogenannten Querreitern, heißt die alte Hanauer Bauernregel: »Eine gute Wirtshaustischlänge vorhalten!« Beides will gelernt sein, und der Franzl kann's. Tierarzt ist er geworden und er gehört zu den wenigen Übriggebliebenen aus jenen Tagen. Dem ein Schuh größeren Landesjägermeister zur Begrüßung leutselig auf die Schulter zu klopfen, scheute er sich nicht. Einmal fragte er seinen Kollegen von der humaneren Fakultät, einen bekannten Ordinarius für Urologie: »Na, wie geht's, Herr Professor? Vor und hinterm Hoselade alles in Ordnung?«

Den Vogel aber schoß der Forstöberste selber ab. Der Fürst von Fürstenberg und er waren an der Front über Eck angestellt worden. Zwei Fürstenstände fürwahr, einer im Wald, der andere auf der Wiese. Als sich die Treiberwehr näherte, standen Dutzende von Hähnen mit aufgeregtem »Gock, Gock« vor den beiden Herren auf. Ein leichtsinniger Greifvogel hatte sich unter das dumme Fasanenvolk gemischt und fiel, vom Schuß Seiner Durchlaucht getroffen, dem Präsidenten direkt vor die Füße. Kaum ein anderer vor oder nach ihm war so frei und unabhängig wie dieser aufrechte Demokrat. Nur er konnte sich's erlauben, seinem Nachbarn mit Stentorstimme zuzurufen: »Der, wo den Bussard g'schosse hat, soll jetzt aber auch zum Mause komme!«

Dabei fällt mir ein: Sein Ruhesitz ist im Schwarzwald und nicht weit von hier. Noch heute werde ich meinen alten Chef besuchen.

Adel bleibt doch Adel

Seit Jahrzehnten werde ich von meinem Freund Werner zu seiner großen Treibjagd am Fuß der Schwarzwaldberge eingeladen. Zu den Gästen gehörte gelegentlich Graf Wolff-Metternich, ein von mir hochgeschätzter Mensch und Waidmann. Regelmäßig fand sich auch ein Herr Graf ein, Salmenwirt, Rinden- und Gerbholzhändler. Nach Art und Aussehen ein echter Renchtäler, freundlich und bescheiden. Beide – Graf und Graf – kannte ich von früher her aus meiner beruflichen Tätigkeit. Die gegenseitige Begrüßung war daher immer besonders herzlich. Dies mußte wohl einem Neuankömmling aufgefallen sein, der erstmals zu dieser Jagd geladen war. Neugierig fragte er mich, wer der große, schlanke Herr sei, mit dem ich mich soeben unterhalten habe. – »Das ist Graf Metternich.« – »Oh!« Er schien in Hochachtung vor dem historischen Namen zu ersterben. »Und der andere Graf, wie heißt der bitte?« – »Graf, ›zum Salmen‹ . . .« Ohne mich vollends ausreden zu lassen, fiel mir der Waidgenosse von oben herab ins Wort: »Steht nicht im Gotha.«

*

Oberforst- und Hofjägermeister Reichsgraf von Wiser war zeitlebens ein leidenschaftlicher Raucher. Einer seiner zwölf großherzoglichen Förster – rote Nase mit blauen Tupfen! – erzählte mir, daß jeder von ihnen alljährlich zu Weihnachten vom Chef eine halblange Pfeife geschenkt bekommen habe. Höchstpersönlich hat der Graf jede einzelne Pfeife angeraucht, deren Porzellanköpfe mit Miniaturen von prächtigen Jagdstücken und schaurigen Wildererszenen geschmückt waren. Schon als Student in Karlsruhe setzte von Wiser sogleich nach dem Frühstück mit dem Fidibus seine lange Pfeife in Brand. Dann pflegte er mit gekreuzten Armen lässig unterm Fenster seiner sturmfreien Parterre-Bude in der Stefanienstraße zu stehen. Genüßlich qualmend musterte er die Vorübergehenden, grüßte sie förmlich oder scherzte mit ihnen, je nachdem.

Freiherr Wilhelm von Schweickardt, ebenfalls Forstbeflissener, wohnte einige Häuser weiter bei seiner Tante. Er gehörte wie Wiser der gleichen Verbindung an, deren Mitglieder grüne Röcke mit Hirschhornknöpfen und grüne Stürmer trugen.

Von Schweickardt war zwei Semester älter als Graf Wiser und somit dem drohenden Examen ein Jahr näher. Ob er dieserhalb oder der strengen Tante wegen fleißiger ins Kolleg gegangen ist als sein Freund, bleibe dahingestellt. Jedenfalls mußte er Tag für Tag an dem Maulaffen feilhaltenden Kommilitonen vorbei, wenn er dem Polytechnikum zustrebte. So gern er auch den Wiser mochte, dessen ekelhafte, ewig stinkende Pfeife war ihm aufs tiefste zuwider. Eines schönen Morgens machte er seinem Ärger Luft: »Du könntest zur Abwechslung ruhig einmal deinen Arsch zum Fenster raushängen und nicht immer nur den Kopf!« – »Des hab' ich ja grad gestern so gemacht«, erwiderte der Graf gut gelaunt, »und was meinst du, was die Leut' zu mir gesagt hawe? Gute Morge, Herr von Schweickardt, hawe se gesagt.«

*

Auf dem Bodanrück, unterhalb des Rohnhauser Hofs, »wo der Wald doppelt wird«, wie man dort sagt, trafen wir uns zur Drückjagd auf Dam- und Schwarzwild. In unserer Nähe machte sich ein Mann mit Hacke und Schaufel am Bankett der alten Landstraße zu schaffen. Der anwesende Kreisjägermeister deutete auf einen zerschundenen Apfelbaum im Sturzacker. Er meinte, da habe es erheblichen Blechschaden gegeben, und das vor nicht allzu langer Zeit. »Hä«, bestätigte der Straßenwart, »der isch bi Gott g'fahre wie e Sau.« »Und wer war denn das?« wollte der auffallend große Herr mit dem bekannten Adelsnamen wissen. »Wer des g'si isch? Den kennet Ihr doch, Eueren Vetter, oder it?«

*

Gern gesehener Jagdgast in dem gut besetzten Schwarzwildrevier des Hegaus war der populäre König Gustav V. von Schweden, Verwandter des allseits beliebten Eigentümers gepflegter Wälder. Regelmäßig kam er zu den winterlichen Saujagden.

Im Rauhreif hatten Jäger und Treiber nichts mehr voneinander gesehen, keinen Schuß vernommen, seit das Treiben angeblasen war. Gegen Mittag mußten sie durch tiefen Schnee zur Hütte stiefeln, wo sie durchgefroren, aber pünktlich eintrafen. Hierzulande ist man ungezwungen, und der Schwedenkönig war es nicht minder. Da wurde weniger G'schiß gemacht, als wenn heut der Landrat, so ein Großherzögle, wie mancher meint, zur Ortsbereisung ins Dorf kommt. Einer der Heg'mer Treiber zog die Schnapsflasche aus seinem Hosensack und reichte sie ungeniert dem Ehrengast. Doch der, Sportsmann und bekannter Tennisspieler, mochte keinen Alkohol und lehnte dankend ab. »Sobald ich nämlich Schnaps trinke«, sagte er bedauernd, »wird mir's erst warm und dann kalt; genauso wie früher, wenn ich als Bub in die Hosen gebrunzt habe.«

Weinkenner

Seit Tagen herrschte ein elendes Sauwetter. Den Frühjahrsstürmen waren sintflutartige Regen gefolgt, die den letzten Schnee weggeschwemmt und die Wege aufgerissen hatten. Dennoch mußte ich mit einem Holzkäufer in den Wald. Wir kannten uns nur dem Namen nach und kamen, ohne uns lange zu beschnuppern, umgehend zur Sache. Die hervorragende Qualität der Buchenstarkhölzer sagte ihm zu. Er kaufte mehr, als ich zu hoffen gewagt hatte. Noch immer schüttete es wie mit Kübeln. Also nix wie 'raus aus dem Busch und unters Dach in die nächste Kneipe! Bei einem Café-Kirsch wurden wir rasch handelseinig. Den Vertrag sollte der Käufer binnen zweier Tage in Händen haben. Damit war der geschäftliche Teil erledigt.

Die Wirtstochter brachte uns die Karte. Bevor wir unser Gespräch den heimischen Weinsorten und ihren Eigenheiten zuwandten, klagte der neue Kunde über allerlei Kränkeleien. Mit seiner Belétage schien er in letzter Zeit gewisse Schwierigkeiten gehabt zu haben. Nun, er war eben nicht mehr der Jüngste. Auch der Blutzuckerspiegel sei bei ihm viel zu hoch, vertraute er mir an. Aus seinen altersbedingten Molesten machte er keinen Hehl. Er nahm sich Zeit bei der Bestellung des Weins. Naturrein müsse er sein, leicht und trocken, vor allem trocken.

Aus meinen jungen Jahren erinnerte ich mich an den Rat eines väterlichen Freundes, im Zweifelsfall den billigsten Wein zu wählen, denjenigen, der zuoberst auf der Karte steht. Auch mein Tischgenosse meinte, daß man damit am wenigsten reinfallen könne. Einmal allerdings hätte er an der Mosel eine gegenteilige Erfahrung gemacht. Auf die Frage des befrackten Kellners, ob er den Wein »naturrein oder verbessert« wünsche, hätte er die naturreine, billige Nummer 1, ganz oben auf der Karte, bestellt, obwohl ihn ein Einheimischer davor gewarnt hätte. »Den könne' Sie net trinke'. Der zieht Ihne' jo 's Hemd hinne noi.« Der Herr aus Mainz hatte recht. Zum Messingputzen oder zum Einlegen von Essiggurken hätte der naturreine Sauerampfer allenfalls noch getaugt. Ob man dazu erst an die Mosel fahren müsse, fragten wir uns. Das hätte auch ein Seewein getan. Schon der gute alte Gustav Schwab hatte als Besonderheit des Dörfchens Sipplingen vermerkt: »Hat den sauersten Wein.« Der vielgereiste Herr Konsistorialrat aus der Postkutschenzeit mußte es wohl wissen. Damals gab es halt noch keinen »Verbesserten«. Man trank ihn so, wie ihn der liebe Herrgott mit Petri Beistand hat wachsen lassen.

Inzwischen hatten wir uns für einen Kaiserstühler entschieden. Der Wirt brachte ihn eigenhändig an den Tisch. Er freue sich über unsere Weinkenntnisse, lobhudelte er. »Die meiste suffe nämlich d'Etikette und net de Wi. Des han i scho selber usprobiert.« Und nun folgte in allen Einzelheiten ein Geständnis, das jeden Panscher begeistern und die Gewerbepolizei auf den Plan rufen mußte. Uns beide kümmerten freilich seine Offenbarungen herzlich wenig. Schlürfend und schmatzend versuchte der alte Herr den Kiechlinsberger. Dann wandte er sich mir befriedigt lächelnd zu: »Mei, Herr Forstmeister, *der* brunzt si(ch) guet.«

Der Gipfel des Geizes

Der nächtliche Föhnsturm und der nachfolgende Regen hatten mit dem Schnee ziemlich aufgeräumt. »D' Ludwigi«, so nannten sie die Dorfbewohner abschätzig, schaute vom Giebelfenster ihres stolzen Hauses der Nachbarin zu, wie diese den Gehweg vollends säuberte. Nach einiger Zeit rief sie über die Straße:

»Wißt Ihr schon 's Neuschte?«

»Nei.«

»Heut' nacht isch d'r Kübler g'schtorbe.«

Dabei zeigte sie nicht den geringsten Anflug von Teilnahme oder gar Trauer. Das sah ihr ähnlich, dieser herzlosen Eisente. Der Kübler Ludwig war immerhin 20 Jahre lang ihr Mann gewesen, bis vor wenigen Stunden. Frieden und Freiheit hat er sich zeit seines Ehelebens vergebens gewünscht. Jetzt endlich hatte er den Frieden und sie ihre Freiheit.

Wenn der Kübler nicht gerade draußen auf der Jagd oder beim Fischen gewesen ist, war ihm keine ruhige Stunde beschieden, dem armen Teufel. Denn seine Frau, d' Ludwigi, hatte Haare auf den Zähnen; Haare, sag' ich, man hätte Zöpfe damit flechten können. Ihren Mann hat sie immer kurz gehalten, das knauserige Luder. »Kübler, sei sparsam!« mahnte sie ihn bei jeder Gelegenheit. Wie oft hatte er sich diesen Gesang anhören müssen. Wenn es aber darum ging, die feine Dame zu spielen, da kannte ihre Großzügigkeit keine Grenzen. Schließlich war man ja nicht unvermögend und hatte einmal zu den reichsten Kaufmannstöchtern der Gegend gehört. Keiner weit und breit, der das nicht gewußt hätte.

Nachdem der Kübler so abrupt von dieser Erde gegangen war und sie nach gebotener Zeit endlich die schwarzen und mausgrauen Kleider wieder ablegen durfte, hat sie sich erst einmal neu ausstaffiert, von Kopf bis Fuß mit allen Accessoires, einschließlich einem Hütchen mit Schleier. Bei ihren Einkäufen in der Großstadt war ihr nichts teuer und gut genug. Daß es sich als Witwe in der Saison d'élégance ganz lustig

leben ließ, brauchte ihr niemand erst zu erzählen. Sie wußte ihre Spätsommertage zu nutzen. Daran hat sie gut getan, denn auch ihr war vom Schicksal ein frühes Ende vorherbestimmt.

Kurz vor ihrem Tod gab sie nochmals eine Probe ihres kleinlichen Krämersinns, der anderen Seite ihrer zwiespältigen Natur.

In den Dörfern ihrer Heimat war und ist es heute noch Sitte, bei einer Hochzeit dem Brautpaar, bei Geburt oder Todesfall den Angehörigen mit einer vorgedruckten Karte, die man nur zu unterschreiben braucht, seine Gefühle auszudrücken. Damit ist man jeglicher Gedankenarbeit enthoben.

Als in der Nachbarschaft des Küblerschen Hauses ein Kindle auf die Welt gekommen war, kaufte d' Ludwigi im Spezereiwarenladen eine der üblichen Glückwunschkarten (die billigste). Aber, ach je, das arme Würmchen starb noch selbigen Tags. D' Ludwigi erfuhr es als erste. Schleunigst machte sie sich wieder auf den Weg in den Kramladen. Dort legte sie Karte und Umschlag in das Fach zurück, wo sie hingehörten, neben die anderen mit den Trauerrändern.

»'s Kindli isch g'schtorbe«, sagte sie süßlich zur Ladnerin. »Jetzt gebt Ihr mir halt für die Karte e Nußgipfeli.«

Der Waldbrüelli

Selbst wenn man davon absieht, einige gepfefferte Anekdoten aufzuwärmen, die angeblich auf sein Konto gingen, sollte man den originellen Lodenmäntler der Vergessenheit entreißen. War er doch einer der sparsamsten Beamten, die in jungen Jahren dem Großherzog und später dem Freistaat Baden gedient hatten.

Dies mußte auch ein entomologischer Sachverständiger erfahren, der aus der Residenz nach Triberg angereist war. Umgehend begab er sich in das bekannte Hotel-Restaurant, in dessen Nebenzimmer die kleine Behördenbesprechung bereits begonnen hatte. Der mit der Leitung beauftragte örtliche Forstmeister, eben jener vorbildliche Staatsdiener, unterbrach die Sitzung, begrüßte den Nachzügler und stellte ihn vor. Alsdann bat er ihn hinaus. Im Flur zog er eine Schnapsflasche aus der Tasche, reichte sie wortlos dem verdutzten Herrn und nahm danach ebenfalls einen kräftigen Schluck. Es war bestes, altes Schwarzwälder Kirschwasser.

Nach dieser stummen Zeremonie komplimentierte der Grünrock den Sach- und Schnapsverständigen wieder ins Nebenzimmer. Zwischen Tür und Angel rief er, so laut er konnte, hinter ihm drein: »Also, Herr Professor, so mache mer's dann.«

Der angewölfte Sparsinn kam dem Beamtensohn angesichts der knappen Zuteilung von Haushaltsmitteln für Porto, Verpackung und dergleichen ungemein zustatten. Das zeigte sich schon beim täglichen Posteingang. Alle Couverts, wie Briefumschläge damals auf gut deutsch hießen, öffnete der haushälterische Behördenleiter nach alter Manier persönlich. Da gab es nichts zu delegieren! Sie wurden aber nicht etwa mittels Brieföffner oder Knicker gedankenlos aufgeschlitzt, viel weniger noch barbarisch mit grobem Daumen aufgerissen. Nein, dieser von ärarischem Denken geprägte Mann beherrschte noch den von den Vätern überkommenen Trick, mit Hilfe eines Federkiels oder Bleistifts die Verschlußkappe eines jeglichen Briefes unbeschädigt zu lösen. Die solchermaßen behandelten leeren Umschläge wurden in einer zerschlissenen Zeine hinter dem mächtigen Kachelofen aufbewahrt; allerdings nicht, wie man meinen sollte, um in den neun Wintermonaten als Anfeuerpapier zu dienen. Quoll der Korb über, dann wurden die Innenseiten sämtlicher Couverts zwecks Wiederverwendung nach außen gekehrt.

Wer von den Forstbediensteten an einem solchen Tag, egal woher und warum, aufs Amt gekommen ist, hat Pech gehabt. Unweigerlich ist er dazu verdonnert worden, sich dieser nutzbringenden Tätigkeit zu unterziehen. So konnte man bisweilen fünf, sechs Männer wie die Tütenkleber im Knast zwischen billigstem, übelriechendem Kleister und selbstangerührtem Mehlpapp mißmutig auf den Wandbänken der Kanzlei sitzen und schwitzen sehen.

Einst hatte sich der erfinderische Forstmeister zur Beförderung der internen Dienstpost des in der Vergangenheit blühenden Botenwesens bedient, alles um den Gotteslohn. Nachdem dieses Gewerbe aber dem allgemeinen Fortschritt zum Opfer gefallen war, sann er auf Mittel und Wege, unter Mißachtung postalischer Einrichtungen sein eigenes, auf die Bedürfnisse des Forstamts zugeschnittenes Nachrichtennetz aufzubauen. »Was, Telefon? Moderns Lumpezeug!«

Dabei kam ihm sehr gelegen, daß ein Praktikant ans Amt versetzt worden ist, der in St. Georgen beheimatet war und täglich zwischen Wohn- und Arbeitsort hin- und herpendelte. Wenn sich der junge Mann abends nach Dienstschluß abmeldete, um mit der Schwarzwaldbahn nach Haus zu fahren, hatte sein Chef stets allerlei Aufträge für ihn parat, die auf dem Stafettenweg bis hinauf auf den Rohrhardsberg mündlich weitergegeben werden mußten. Das spielte sich gewöhnlich folgendermaßen ab: Beim Passieren einer der zahlreichen Blockstellen beugte der Praktikant seinen langen Oberkörper zum Abteilfenster hinaus und fuchtelte unter Lebensgefahr wild mit den Armen, um sich bemerkbar zu machen. Wenn er dann auf Rufweite an dem erwarteten Helfer heran war, schrie er im Vorbeifahren aus vollem Hals: »Der Brunner-Emil soll dem Dolde-Sepp sagen, daß der Haberstroh morgen um acht Uhr an der hohlen Fichte auf d'r Herr Forstmeister wartet.« Dieser hatte nämlich überall seine Relais-Posten, die Duffner, Schwer, Kaltenbach, Ketterer, Burger, Dilger und wie sie alle in den Weilern und Höfen rundum geheißen haben. War eine rechtzeitige Benachrichtigung solcherart nicht mehr möglich, dann begab sich der Chef halt aufs Geratewohl in den Wald. Im Revier des Gesuchten angekommen, stieß er den grellen Pfiff des Bergwildes aus oder ließ einen seiner berüchtigten Waldschreie los, denen er beim Bauernvolk den Spitznamen »Waldbrüelli« zu verdanken hatte. Meistens kam unverzüglich als Antwort der Hornruf »Verstanden«. Füchse und Förster finden sich immer.

Obwohl Sparsamkeit zu seiner Zeit noch als Tugend gegolten hat, wurde sie trotzdem nicht honoriert. Die Oberen haben ja für das Ungewöhnliche noch nie und nirgends Verständnis gezeigt. Die Kollegen, je nach Jahren, lächelten oder lachten über ihn. Sein Nachfolger im Amt zeigte eine bedenkliche Miene, als ihm der unverdrossene Sparer und angehende Pensionär versicherte, daß in den letzten 30 Jahren unter Garantie kein einziger Maler oder Tapezierer die Dienstwohnung betreten habe.

Die Bauern sahen den lautstarken Mann nicht gern ziehen. Bald hieß es in ihren Reihen: »Wenn mer doch bloß unseren Brüelli wieder hätte!«

Der Kahlhieb

In den Vorbergen zwischen Durbach- und Renchtal erhebt sich über den Rebhängen, Kastanien- und Eichenschälbüschen der Hochwald, aus dessen alten Rodungsflächen die Dächer der Weiler und Zinken als rote Farbtupfen hervorleuchten.

In einen dieser Einödhöfe hatte man mich, wie wenn ich ein Doktor oder gar der Tierarzt gewesen wäre, eilends rufen lassen. Der Wink, es hätte bis zum Abend Zeit, kam nicht von ungefähr. »Wissen Ihr, der Nachbar . . .« Ich verstand und versprach, noch selbigen Tages zu kommen.

Der Borkenkäfer wird den Hofwald befallen haben, dachte ich, und das wäre fast so schlimm wie die Maul- und Klauenseuche im Stall. Beides gilt bei den Bauern als Schande, die man zu verheimlichen trachtet, solange es irgendwie geht. Und jetzt ging es halt nicht mehr, habe ich mir gedacht.

Nach dem Betzeitläuten erreichte ich den Eckhof. Die Familie war noch bei der Feldarbeit. Die vier Leute steckten die Köpfe zusammen, als sie mich gewahrten. Daß die Einsamkeit auf den abgelegenen Höfen die Menschen in Jahrhunderten hellhörig und argwöhnisch gemacht hat, ist eine bekannte Tatsache. Damals sollte ich sie aufs neue erfahren.

Nach mehrmaligem Rufen kam als erste die Bäuerin, eine resolute, kräftige Frau in mittleren Jahren, auf mich zu. Sie tat so, als ob sie nicht wüßte, was mich spätabends noch auf den Hof geführt hatte. Dabei redete sie allerlei unverständliches Zeug, das mich von Haut und Haaren nichts anging. Der Redeschwall endete erst, als ihr Mann, gefolgt von zwei Ochsen unterm Doppeljoch, dahergeschlappt kam. Sein Gruß war kurz und mürrisch. An unsere Verabredung vom Vormittag mochte er sich nicht mehr erinnern. Ein starkes Stück! In gebührendem Abstand lauschte die Bäuerin auf jedes Wort, ohne sich vorderhand einzumischen. Nun muß ich erwähnen, daß zu jener Zeit übers ganze Land hinweg ein Borkenkäfergroßfraß gewütet hat, von dem kaum ein Wald verschont geblieben ist. Mit Gift und Feuer, Säge, Axt und Schäleisen rückte man den Myriaden winziger Schadinsekten zu Leibe. Vom Lehrling bis zum Förster suchten alle von früh bis spät die Bauernwälder nach neuen Befallsherden ab.

Daran anknüpfend brachte ich den Eckbauer, dessen Antworten sich bisher auf die Silben »So?«, »Ha« und »Hä« beschränkt hatten, endlich zum Reden. Ja, auch in seinem Wald seien dieser Tage zwei Grüne gewesen, junge Burschen, erinnerte er sich plötzlich. »Hä, 's wird nix mache?« Nein, es machte nichts, bis jetzt. Der Wald war käferfrei. Aber gerade deswegen wollte der Bauer – oder nur die geschäftstüchtige Bäuerin? – vorbeugend einen Teil des Tannen- und Fichtenbestandes abholzen, um mit dem Erlös einen Traktor anzuschaffen.

Von einem Kahlhieb der 80 Jahre alten, wüchsigen Nadelhölzer mußte ich aus verschiedenen Gründen abraten. Statt dessen empfahl ich, einen Durchforstungshieb über die ganze Fläche hinweg zu führen. Er hätte nicht weniger Gewinn eingebracht, und dem Wald wie seinem Eigentümer wäre damit mehr gedient gewesen. Doch davon wollte der Bauer nichts wissen und seine Frau blinzelte ihm ermunternd zu.

Inzwischen war die Nacht hereingebrochen. Also verschoben wir die Waldbegehung auf den nächsten Morgen, an dem das Hin und Her von vorne begann. Alsbald führte die Bäuerin, die sich immer mehr in den Vordergrund geschwätzt hatte, das große Wort. Der Alte war abgemeldet und hatte nichts mehr zu sagen, wie das daheim zwischen Bett und Stall wohl von jeher gewesen ist. Auch die Frau war vernünftigen, sachlichen Gründen, die gegen einen Kahlabtrieb sprachen, nicht zugänglich. Erst als ich diesem mißtrauischen Wesen das bürokratische Vorspiel zum verwaltungsmäßigen Gang eines Kahlhiebsantragsund-genehmigungsverfahrens erläutert und ihr klargemacht hatte, daß die Anlieger, denen das Einspruchsrecht zusteht, gehört werden müßten, daß sie einen Bürgen zu stellen hat, daß dessen Zahlungsfähigkeit und die Echtheit der Unterschrift vom Bürgermeister mit Brief und Siegel zu beurkunden ist, daß . . . daß . . . daß . . ., – erst dann verzichtete sie auf den Kahlhieb. Widerwillig schluckte sie die Durchforstung.

Als das Holz dann eingeschlagen und gewinnbringend verkauft war, vergaß sie ihren Ärger. Es waren die letzten Stämme, die von den

Ochsen unter Peitschenknall aus dem Schlag geschleift worden sind. Die Hofbewohner waren sich dieses historischen Augenblicks nicht bewußt. Wie hätten sie es auch sein können? Mit der Einführung von Zugmaschinen begann sich in der Landwirtschaft eine umwälzende Entwicklung anzubahnen, in deren Folge sich auch auf dem Eckhof die Lebensverhältnisse grundlegend wandelten.

30 Jahre, eine Menschengeneration später, kam ich, um Wein einzukaufen, noch einmal und unerwartet auf den Hof, über dem seither ein Unstern gestanden hat. »Erschrick nicht«, hatte mir mein Freund zugeraunt, bevor wir über die Schwelle getreten sind.

Der alte Bauer war früh gestorben. Obwohl er in seinen letzten Lebensjahren nur eine halbe Arbeitskraft gewesen ist, fehlte er doch allenthalben. Der einzige Sohn und Erbe ist mit dem Traktor tödlich verunglückt. Kurz vor seinem tragischen Ende war das Haus umgebaut, die Wohnung völlig neu eingerichtet worden. Der heimelige alte Kachelofen mit der Kunst hat einer Öl-Zentralheizung weichen müssen. Flur und Stube waren mit Teppichböden belegt und mit Möbeln im Versandhausstil ausgestattet. Schulden über Schulden! Die Altbäuerin, frisch wie eh und je, führte jetzt wieder das Regiment, kujonierte die junge Witwe und den halbwüchsigen Enkel. Sie mußte meinen erstaunten Blick, mit dem ich die Zimmereinrichtung musterte, beobachtet haben. (»Erschrick nicht!«) Als ob sie mir ihren Wohlstand erklärlich machen wollte, trumpfte sie auf: »M'r henn halt 'n Kahlhieb g'macht.«

Die Holzauktion

Vom Forstamt im Klettgau ist der Samstag nach Dreikönig als Versteigerungstermin festgesetzt worden. »Jo net später!« hatte der alte, erfahrene Förster gemahnt. Denn kurz vor der Fasnacht kommt keiner und hinterher hat niemand mehr Geld. »Und wie wär's gegen Ostern zu?« meinte der Chef. »Isch au nüt, do denke die meischte scho wieder an d'Badhose.«

Das Versteigerungslokal war schon gestoßen voll, als »das Forstamt« eintraf. Der Chef, sein Revierförster und zwei schreibgewandte Kanzleidamen unterschiedlichen Alters zwängten sich zwischen langen Tischreihen der Bühne zu, auf der bereits die beiden örtlichen Grünröcke Platz genommen hatten.

Punkt neun Uhr eröffnete der Forstmeister mit einem kräftigen Hammerschlag die Auktion. Alsdann verlas ein alter Forstwart mit monotoner Stimme die Kriegsartikel, wie der Auktionsleiter die staatlichen Holzverkaufs- und Steigerungsbedingungen scherzhaft, aber mit ernster Miene angekündigt hat. Sie umfaßten drei Seiten schwerverständliches Amtsdeutsch. Ohne das Kleingedruckte – notabene –, dessen sich auch der Vater Staat nicht ungern bedient. Schon nach der ersten Minute hörte kein Mensch mehr zu. Hingegen war die Unterhaltung der circa 250 steigerungslustigen Männer und Frauen in lebhaftem Gang.

Mittlerweile hatten auch die vier Forstbeamten und ihre Mitarbeiterinnen genügend Zeit, sich von der Bühne herab im Saal umzusehen. Dieser gehörte zur Bahnhofswirtschaft und übertraf das Gastlokal mit seiner sprichwörtlichen Ungemütlichkeit noch weit. Die offene Bühne war von Kulissen begrenzt, die teils einem Bauernschwank als Interieur, teils einem Wildererdrama als bewaldeter Hintergrund dienen konnten. Zwei von Scheinwerfern angestrahlte Soffitten stellten einen weißblauen Himmel dar, ohne dessen hellen Widerschein man auf der Bühne weder lesen noch schreiben konnte. Die eigentliche Saalbeleuchtung, dürftig genug, kam unter der tief herabhängenden Fasnachtsdekoration kaum zur Geltung. Zudem wurde der kärgliche Lichtschimmer der wenigen, angerußten Birnen vom Qualm zahlloser, stinkender Schweizerstumpen verschluckt, die sich in jener grenznahen Gegend bei den Alemannen größter Beliebtheit erfreuen.

Endlich waren alle Kriegsartikel heruntergeleiert. »Extrawürst' gibt's keine«, ergänzte der Forstmeister mit lauter Stimme und begann sofort mit dem Ausbieten der ersten Lose. Die Versteigerung lief wie am Schnürchen. »Zum ersten, zum zweiten und zum dritten Mal!« So ging es Schlag auf Schlag, pausenlos bis zum frühen Nachmittag. Drei rüstige Endfünfzigerinnen, die wohl etwas zu tief ins Glas geguckt hatten, haben sich unter dem schallenden Gelächter des Publikums gerade gegenseitig hitzig hochgesteigert. Da flitzte mit dem dritten Hammerschlag Susi, die jüngere der beiden Forstdamen, wie von der Tarantel gestochen auf den Tisch und raffte den Rock hoch. Sie mit ihren hübschen Beinchen konnte sich das erlauben, die Ursula war unten geblieben. Erneute Lachsalve, in die sich der Schreckensruf »E'n Ratz, e'n Ratz!« mischte. Pfeilgrad war die Ratte durch den Mittelgang auf die Bühne gewuselt. Was Röcke trug, floh kreischend auf Tische und Stühle. Die Männer mußten wohl oder übel mittun, wenn sie auch etwas von dem Spektakel da oben sehen wollten, das die Susi nicht weniger als ihre eigene Rolle genoß.

Die Jagd auf der Bühne wurde immer spannender. Mit ihren schweren Schaftstiefeln stampften die Männer unbeholfen hin und her und traten vergebens nach der Ratte. Ein lächerlicher Tanz. Erst als man ihnen einen Besen hinaufgereicht hatte, nahm der ungleiche Kampf eine Wende. Zum Glück blieb der kessen Susi erspart, was der fixe, kleine Förster in der nächsten Sekunde erleben mußte.

»Sternekaib!« – wütender Aufschrei und Fluch zugleich – und schon saß ihm der Ratz im Genick. Unterm Kragen! Das Verhängnis wollte es, daß ihm sein tollpatschiger Kollege im gleichen Moment einen heftigen Schlag ins Kreuz versetzte, der eigentlich der Ratte gelten sollte. Auf diese unglückliche Weise zweifach attackiert, riß sich der Kleine aus Angst vor dem Ratz und in rasendem Schmerz die grüne Litewka vom Leib, so daß die Knöpfe nur so in die Gegend flogen. Immerhin: der Nager ging benommen auf die Bretter und ein kräftiger

Hieb mit dem Besenstiel machte ihm vollends den Garaus. Waidmannsheil!

Schon seit Jahren war keine so publikumswirksame Aufführung mehr über diese Bühne gegangen. Das bewies der stürmische Beifall. Er endete erst, als der schwammige Bierwirt, das tote Rätzli mit armselig herunterhängendem Schwanz auf einer Dreckschaufel hoch vor sich hertragend, hinter der Theke verschwunden war.

Nach dieser heiteren Einlage wollte natürlich kein Ernst mehr aufkommen. Die Freude am Bieten hatte merklich nachgelassen. Gleichwohl war am Ende der Versteigerung alles an den Mann gebracht, bis auf etwas Birkenholz und fünf Klafter Buchenklötze, das beste, was es gibt zum Schnapsbrennen. Die kaufte der Bahnhofswirt, ohne nach dem Preis zu fragen. Statt des einen Sters Birkenprügel, den die Arztfrau angeblich dringend für ihr neues Cheminée brauchte, wurden ihr aus purer Gefälligkeit gleich zwei überlassen, billigst. Aber bitte, wie man's macht, ist es falsch. Hinterher tratschte sie im Dorf herum: »Der Forstmeister hat mich beschissen.«

Zwei Tage danach erschien eine spärliche Zeitungsnotiz: »Der nach Aufhebung der Zwangswirtschaft und Freigabe der Brennholzpreise erwartete stürmische Verlauf der Holzauktion ist nicht eingetreten. Angebot und Nachfrage haben sich die Waage gehalten.« Ich, wenn ich Berichterstatter gewesen wäre, hätte die Rattenjagd als Aufhänger benützt und was draus gemacht, daß dürft ihr mir glauben. Aber der Herr Anonymus war entweder gar nicht dabei oder völlig humorlos.

Grüne Miszellen

Nein, was sich in den 80er Jahren unseres glorreichen Säkulums so alles grün zu nennen wagt! Da kann es einem, selbst wenn man nicht rotgrünblind ist, grau vor den Augen werden.

Zur Zeit der Weimarer Republik hieß es im Volksmund, die Regierung des Freistaates Baden sei wie ein Schwarzwälder Schinken: außen schwarz und innen rot. Ging dieser Vergleich auch an Krücken, so sprach sich der Witz – geistreich hin oder her – dennoch bis in den hohen Norden herum.

Ein außergewöhnlich tüchtiger badischer Ministerialforstbeamter und späterer Universitätsprofessor war schon in jungen Jahren an die Spitze der braunschweigischen Forsteinrichtungs- und Versuchsanstalt berufen worden. Bei seinem Antrittsbesuch fragte ihn der Ressortminister mit dem falschen Lächeln des Politikers, ob er nun eigentlich schwarz oder rot sei.

»Ich bin durch und durch grün, Herr Minister«, erhielt der taktvolle Staatsrepräsentant zur Antwort. Damals nämlich ist Grün noch Grün gewesen, nichts anderes als Grün.

*

Die Boppele sind nie besonders feurig gewesen. Trotzdem beteiligten auch sie sich am Rande des Revolutionsgeschehens von 1918. Selbst in Freiburg rumorte es damals ein wenig.

Für die einen bedeutete die politische Wende eine Sternstunde: Das 70 Jahre alte Wunschbild von der deutschen Republik war Wirklichkeit geworden. Anderen kam der Umsturz nach dem verlorenen Krieg wie ein Alptraum vor. Einfältige Banausen hinwieder sahen den Himmel schon voller gebratener Tauben, die ihnen ohne eigenes Zutun in ihre dummen Mäuler fliegen würden. In Hungerzeiten gedeihen die wildesten Wahnvorstellungen.

Krakeelern aus allerlei Lagern – manche angesäuselt vom Dünnbier – bot ein Umzug willkommene Gelegenheit, ihren lang aufgestauten Unmut loszuwerden, besser gesagt: die Sau abzulassen. Lärmend wälzte sich ein zusehends größer werdender Haufen durch die Altstadt dem Rathaus zu. Was man wollte? Ja, was wollte man eigentlich?

Nicht alle stimmten in das Geschrei der Demonstranten ein. Erinnerten sich vielleicht die Besonnenen unter ihnen daran, daß vor sieben Jahrzehnten in den gleichen Gassen, durch welche dieser turbulente Zug führte, in blutigen Straßenkämpfen um die Freiheit gerungen worden war?

Die Stadtverwaltung wußte von der Demonstration und hatte Vorsorge getroffen. Einige angesehene, beherzte Bürger sollten vom Rathausbalkon herab zur aufgebrachten Menge sprechen. Unter den Auserwählten befand sich auch der Stadtforstmeister. Was er, endlich zu Wort gekommen, in wenigen treffenden Sätzen gesagt hat, ist im einzelnen nicht überliefert. Es soll aber von seinen vielen bemerkenswerten Stegreifreden die weitaus wirkungsvollste gewesen sein. Nach den markanten Schlußworten »So, und jetzt geht ihr wieder heim, ihr Armleuchter!« verlief sich das Volk ohne Murren.

*

Drei Generationen mögen wohl schon darüber hingegangen sein, seit ein Forstmeister namens Biederling in Ettlingen gelebt und weit hinten im Albtal ehemalige Klosterwälder bewirtschaftet hat. Seinen Haushalt führte eine alte Köchin. Er selber war Junggeselle und hatte in der nahen Residenzstadt einem Herrn unter der emsigen Mitwirkung von dessen Gemahlin zu einem ansehnlichen Kopfschmuck verholfen.

Anstatt aber nun die delikate Angelegenheit aus der Welt zu schaffen, wie es einem Kavalier damaliger Zeit geziemt hätte, schickte ihm der Gehörnte ein unverschämtes Schreiben ins Haus. Schon die Adresse ließ nichts Gutes ahnen:

An Herrn Biederling gen. Poussierling
Großherz. Forstamt Mittelberg mit Sitz in
Ettlingen
und Spitz in Karlsruhe.

Daß der Empfänger diesen dreckigen Brief nicht hinter den Spiegel steckte, kann man sich vorstellen. Der Umschlag samt dem ordinären Inhalt endete im Ofen. Doch zuvor war er durch die Hände der Köchin über den Forstsekretär in die Kanzlei geraten, wo er einen ganzen Tag als Blickfang mitten auf dem Schreibtisch des Chefs gelegen hatte.

*

Es mag einer von Natur aus kerngesund gewesen sein, im achten Lebensjahrzehnt fängt's gewöhnlich irgendwo an zu harzen.

Der längst pensionierte Forstmann, noch immer ein leidenschaftlicher Jäger, wurde Hals über Kopf vom Wald ins Spital geschafft und anderntags operiert. Als er, am Tropf hängend, wieder einigermaßen bei sich war, begrüßte ihn die Stationsschwester, maliziös lächelnd, mit »Waidmannsheil«.

Alsbald war auch schon vom obersten Stockwerk des Krankenhauses bis hinunter zur Pforte durchgesickert, was sich der Alte kurz vor seiner Operation im Vorbereitungsraum geleistet hat. Hielt er vielleicht die Gestalten in ihren grasgrünen Kitteln für seine Waidgenossen? Oder wähnte er sich, als das schwindende Büchsenlicht seine müden Augen mehr und mehr verschleierte, schon in den ewigen Jagdgründen? Wie auch immer, die Schwester, die sich mit einem letzten beruhigenden Wort von dem Patienten verabschiedete, belehrte er schulmeisterlich: »Das heißt Waidmannsheil. Und wenn die Operation gut verlaufen ist, dann sagen Sie dem Herrn Professor meinen Waidmannsdank!«

*

Ein Verbalerotiker war er: großes Maul und nichts dahinter. Wenn dieser Ziegenbart mit seinem sardonischen Lachen in Gesellschaft erschienen ist, was, Gott sei Dank, recht selten vorkam, saßen die Damen auf Nadeln. Unter dem Deckmantel der Leutseligkeit brachte er die schlüpfrigsten Geschichten unters Volk. Biedere alte Förster verschonte er ebensowenig damit wie die Lehrlinge. Nicht zuletzt verdankte er diesem abstoßenden Charakterzug seine Unbeliebtheit.

Eines Tages war er mit seinem Famulus, einem Forststudenten, unterwegs. Im Wald begegnete den beiden ein Bauernmädel, das, eine böckige Ziege mit sich führend, schon von weitem freundlich grüßte. »So, geht's zum Bock?« Eine saudumme Frage. Wortlos schritt die Kleine weiter. »Wer führt jetzt wen?« wollte er wissen, »du d' Geiß oder die Geiß dich?« Das Naturkind verstand. Es war nicht auf den Mund gefallen, drehte sich um und lachte dem alten Narren ins Gesicht: »E'n guter Bock tät's schmacke.«

*

Der aus Fürstlich Fürstenbergischen Landen stammende Direktor der gleichnamigen, hochangesehenen Forstverwaltung, in einschlägigen Kreisen nicht ohne Respekt »der Alte« genannt, galt zu seiner Zeit als bester Kenner der deutschen Waldungen. Neben der Tätigkeit in hohen und höchsten Forstdienststellen bekleidete er einflußreiche Ämter in forstwirtschaftlichen und forstpolitischen Gremien. Sein Wort galt, und der trockene, scharfzüngige Humor des Baaremers traf immer ins Schwarze.

Wer mochte es dem Vielbeschäftigten, der die Dinge von hoher Warte aus zu sehen gewohnt war, verargen, daß er bei langwierigen Debatten ungeduldig werden konnte; besonders dann, wenn ein Diskussionsredner, der Haupt- und Nebensache nicht zu unterscheiden wußte, vom Thema abweichend, ins Schlittern geriet.

So wird es auch damals gewesen sein, als der Alte anläßlich einer geplanten forstwirtschaftlichen Messe-Veranstaltung am vorbereitenden Gespräch in größerer Runde teilnahm. Er mußte sich wohl schon einiges mitangehört haben, bis er mit dem Vorschlag überraschte: »Ich kann für die Ausstellung auch noch einen ausgestopften Forstmeister zur Verfügung stellen.«

*

Der Forstmeister war mit dem erst vor wenigen Tagen ans Amt versetzten Hilfsförster unterwegs, um ihn in sein Revier und die Jagdgrenzen einzuweisen. Die Waldstraße, auf der die beiden dahingingen, war ärarisches Eigentum und lag innerhalb der staatseigenen Selbstverwaltungsjagd. Jenseits überm Graben standen, weithin sichtbar, wappengeschmückte, alte Grenzsteine. Dahinter begann die Gemeindejagd, deren Pächter aus purer Bequemlichkeit immer wieder die nicht zum öffentlichen Gebrauch bestimmte, landeseigene Waldstraße unberechtigt befuhr.

Auch heute war der streitbare Mann mit seinem schlitzöhrigen Jagdaufseher abermals auf Fahrt. In Höhe der beiden uniformierten Beamten hielt er an. Ohne ihren Gruß zu erwidern, brüllte er aus dem Wagen heraus: »Damit Sie's nur wissen, ich habe einen guten Rechtsanwalt«, drehte die Scheibe hoch und fuhr weiter auf verbotenem Wege. Während der alte Forstmeister nach Luft schnappte, bemerkte sein Hilfsförster seelenruhig: »In so 'me Fall hat halt mei Vatter immer Dachpappnägel g'streut.«

Hoher Besuch

Mein Freund, der Fiegenbur Georg Wußler, hat sich von jeher einen Hafenkäs um Politik und Politiker gekümmert. »Die könne mich kreuzweis! Die solle mich doch alle mitenander!« Mit »denen« meinte er ausnahmslos jeden Mandatsträger vom Bürgermeister an aufwärts und, damit sich's auch lohnt, gleich sämtliche Behörden dazu. Diese zumal waren ihm immer suspekt. Und ausgerechnet ihm wollte man nun den hohen Besuch ins Haus schicken, dessen Name jedermann in Ost und West geläufig ist, den die einen in den Himmel heben und den die anderen zum Teufel wünschen.

Der Fiegenbur kratzte sich hinterm Ohr, überlegte kurz und sagte ja. Zum Zeichen strengster Verschwiegenheit hielt der mit der delikaten Mission beauftragte kleine Parteifunktionär den linken Zeigefinger auf den schnurrbärtigen Mund, trank dann seinen Schnaps aus und ging.

Um Näheres über den Besuch zu erlickern, suchte Schorsch eilends den Ortsvorsteher auf, streng vertraulich. Der gute Mann hatte jedoch keine Ahnung von seinem Glück. Viel später erst, kurz vor dem großen Ereignis, bekam auch er auf dem amtlichen Umweg eine brandeilige Verfügung mit dem Reiseprogramm des prominenten Politikers. Des Umgangs mit hohen Herren völlig ungewohnt, holte sich der vom Bauernvolk gewählte Vertreter der Teilortsgemeinde Rat beim Schorsch. Was er denn jetzt um Gottes willen tun müsse, wollte er wissen. »Hä, b'schtellsch halt d'Musik. Sie soll ihm e Ständerle bringe.«

Daraus wurde dann freilich nichts. Als die Wagenkolonne pünktlich um zehn Uhr im Dörfle – so heißt der Ortsteil – eintraf, stand der Bedauernswerte, verlassen von allen Ortschaftsräten, mit seiner Schnapsflasche in der Hand einsam auf der Rathaustreppe. Die Begrüßung war äußerst dürftig. Daran konnte auch das Kirschwasser nichts ändern. Hinterher gestand der Unglücksrabe, daß er sich geschämt habe wie ein Bettpisser. Aber die ortsansässigen Genossen hätten ja ihrem Parteiführer auch sagen können, daß im Gebiet der geschlossenen Hofgüter, diesem kleinen Reich unabhängiger, freier Bauern, mit fortschrittlichen, sozialistischen Ideen keine Blumentöpfe, geschweige denn Wählerstimmen, zu gewinnen sind.

Indessen lief oben im Fiegenhof alles auf vollen Touren. Über die Baumkronen daherschlegelnde Hubschrauber verschreckten Mensch und Vieh. Seit Tagen schon waren im Tal vereinzelt ortsfremde Kerle in Rollkragenpullis und Lederjacken zu sehen. Nichtssagende, scheinbar harmlose Gestalten trieben sich von Hof zu Hof herum. Die einen wie die anderen wurden von den Einheimischen nicht weniger mißtrauisch beobachtet, als sie ihrerseits die Höfe und deren Bewohner voller Argwohn zu überwachen schienen.

Am Besuchstag verdichtete sich der Schwarm der Kriminaler, Land- und Grenzjäger. Endlich kam der Erwartete mit seinem Gefolge vom Wald herunter zu Fuß auf den Fiegenhof, der in strahlender Sonne dalag.

Anders als der Ortsvorsteher fand der Hofbauer für seinen Gast kernige Worte der Begrüßung, wie sich's gehört. Ein ehrgeiziger, junger Rundfunkreporter, der den mit allen, selbst den höchsten demokratischen Ehren ausgezeichneten Spitzenpolitiker noch nie von Angesicht zu Angesicht gesehen hatte, scharwenzelte in einem fort um ihn herum. Darüber hat er die Rede verpaßt und hielt nun, zu spät, dem Fiegenbur sein Mikrofon unter die Nase. »Ach, Herr Wußler, würden Sie bitte einige Sätze aus Ihrer Ansprache wiederholen?« Schorsch, der jetzt anderes zu tun hatte, war kurz angebunden. Und so kam es, daß der junge Mann nur den Gruß des Götz von Berlichingen auf seinem Tonband nach Haus brachte.

Dies alles und noch mehr gab mein Freund zum besten, als ich, wie immer während der Blattzeit, auf seinem Hof wohnte: »Do isch er g'hockt«, rief er mir über den Tisch zu, »uffm gleiche Platz, wo du jetzt sitzsch.« Der feine Unterschied war nicht zu überhören.

40 Personen mußten damals bewirtet werden, der Troß in der geräumigen offenen Scheune, die »Engeren« im Fachwerkbau des bildschönen Altenteils.

Der Besuch aus Bonn gab sich leger. Dies und jenes aus dem harten Leben der Bergbauern wollte er wissen und beim Schwarzwälder Vesper sprach er dem 65prozentigen kräftig zu. Als Mann von der Waterkant, der übrigens auch mehrere Jahre in Skandinavien zugebracht hatte, verstand er etwas vom Branntwein. Sein Gastgeber mußte ihm den ganzen Hof zeigen, auch das Brennhaus. Augenzwinkernd witzelte er, der Herr Wußler sei gewiß ein alter Schwarzbrenner. (Ist doch nichts Schlimmes dabei!) Dieser wiederum hielt seinem Gast entgegen, er sei doch ein *Immigrant*. (Ist ja schließlich noch weniger dabei!) Trotz allem trennte man sich in bestem Einvernehmen. Die Bemerkung, so einen schwarzen Flecken habe er noch nirgends, in der ganzen Bundesrepublik nicht, angetroffen, verübelte ihm der Schorsch keineswegs. Warum sollte er es auch? Im Gegenteil. Zu mir sagte er freimütig: »Sell ka scho si«, und ich sah keinen Anlaß, ihm zu widersprechen.

Kaum waren die Wahl-Wanderer oder Wahl-Fahrer – wie man will – außer Sicht, ging das Leben auf dem Fiegenhof im gewohnten Gang weiter. Am nächsten Sonntag, nach dem Gottesdienst – seine Finger waren noch feucht vom Weihwasser – bekam der Fiegenbur zum ersten Mal die Abneigung zu spüren, die man ihm, dem »roten Schorsch«, wie sie ihn hintenherum bereits hießen, entgegenbrachte. Der reiche Elendsbur scheute sich nicht, ihn in der »Krone« grobschlächtig zu fragen, was er überhaupt noch bei der heiligen Messe verloren habe, nach allem, was auf seinem Hof geschehen sei. *Er* gehe ehrlich in die Kirche, gab ihm der Angegriffene 'raus, und nicht, wie gewisse andere, dem Pfarrer oder den Leuten zulieb. Und wenn *er* das Geschäft mit dem hohen Besuch ausgeschlagen hätte, dann wär's halt im Nachbartal gemacht worden. Dabei fuchtelte er dem Elendsbur mit der Gabel dermaßen vor dem Gesicht herum, daß auch der Dümmste am Tisch merken mußte, wer damit gemeint war.

Zwei Tage später war der Geistliche Rat auf dem Fiegenhof. Schweißtriefend kam er an. »So«, begann er süßsauer lächelnd, »nun werde ich das entweihte Haus wieder einsegnen müssen.« Baff über diese Unverfrorenheit, wollte ihm der Schorsch mit gleicher Münze heimzahlen. Doch zum Glück änderte sich die brenzlige Situation schlagartig. Die beiden wurden auf eine brünette Schönheit aufmerksam, die sich am Waldrand genüßlich in der Sonne räkelte. Die wärmenden Strahlen erreichten auch Körperteile, die bislang nur dem Hausarzt der Dame und ihren Liebhabern zu sehen vergönnt gewesen waren. Um so mehr genossen die zwei Voyeure den aufreizenden

Anblick. Der Kleriker log zwar tapfer: »So was sehe ich aber gar nicht gern.« Da mußte der Schorsch schallend lachen. »Sie brauche ja nicht hinzuschaue, Herr Pfarrer«, riet er ihm und lud ihn dann zum Vesper ein. Hernach war von der Husräuche keine Rede mehr. Wer weiß, vielleicht ist es dem alten Herrn auch nur halb so ernst damit gewesen.

Der Gegenbesuch

Der gelbe Neid schwelte noch immer wie eine unsichtbare Giftwolke überm Tal, als der Fiegenbur von höchster Stelle eine Einladung nach Bonn bekam.

»Der isch imstand und fahrt hin«, sagte die Bäuerin zu ihren Söhnen und, dem Mann zugewandt, jammerte sie: »Isch's net g'nug, daß *der* bei uns g'si isch? Jetzt musch du aa noch uff Bonn.« Aber nun, wo der Hof an den Ältesten übergeben war, konnte ihn nichts und niemand von der Reise in die Bundeshauptstadt abhalten.

Sauteuer sei es dort gewesen, erzählte er mir, und das glaubte ich ihm aufs Wort. Im besten Hotel ist er abgestiegen, wo man für ein Glas Bier drei Mark fuffzig auf den Tisch legen muß. »Aber do bin i emol großkotzig g'si«, trumpfte der Schorsch auf. Wo er auch seine Einladungskarte aus der Brusttasche gezogen und lässig vorgewiesen hat, ist er mit größtem Respekt behandelt worden. Allenthalben war die Bürgernähe zu spüren. Das Parlament freilich konnte den Schwarzwälder nicht sonderlich beeindrucken. Das, was sich die Abgeordneten, es waren immer dieselben Herren, an den Kopf geworfen haben, dürfte im Fernsehen wohl kaum übertragen worden sein. Infolgedessen änderte sich die altbewährte Ansicht unseres Schorsch über Parteipolitik und deren Macher nicht im mindesten. »Die könne mich doch!« Trotzdem ist ihm jener Gegenbesuch sehr zustatten gekommen. Der Fiegenbur in Bonn! Das hat sich herumgesprochen und ließ selbst die Herren vom Bauamt aufhorchen. Seit das Auszugshaus in Eigenarbeit umgebaut, aufgestockt und zu einem Kleinod im Tal geworden war, hatten sie ihn mit den »tragenden Teilen« gepiesackt. Tragende Teile, tragende Teile, er konnte das Wort nicht mehr hören. Immer diese Vorschriften weltfremder Federfuchser. Er fragte sich, wo denn da die Bürgernähe bliebe.

Der endgültigen Entscheidung über den Einspruch des Herrn Georg Wußler, Landwirt, Fiegenbach, Haus Nr. 38, ging nochmals eine Tagfahrt voraus. Wenn sich Legislative und Exekutive übers Kreuz kommen, zieht die ausführende Gewalt den kürzeren, und das ist gut so. Der Schorsch pochte auf den Tisch und herrschte die verdutzten Beamten an: »Ich hab de längere Arm wie Sie.« »Und?« fragte ich ihn gespannt. – »Freispruch!«

Seitdem prangt am Heck seines gelben Wagens ein Aufkleber mit rotem Herz und der Inschrift: *Bonn.*

Hier Faun, Doktor Faun

»Hier Faun, Doktor Faun«, meldete sich telefonisch eine fremde Stimme. Der Unbekannte, dessen Namen ich falsch verstanden haben muß, hieß zwar, wie sich hinterher herausgestellt hat, ganz anders. Aber lassen wir's dabei: Faun, Doktor Faun.

Wenig später saß er mir gegenüber, ein gut aussehender, distinguierter Herr. Wie sein altrömischer, vermeintlicher Namensvetter, jener neckische Feld-, Wald- und Wiesengott, war Dr. Faun gleichfalls naturverbunden und menschenfreundlich. Allerdings ging es ihm weniger um Scherz und Schabernack als vielmehr um ein ernstes Anliegen, das ihn aufs Forstamt geführt hatte. Obschon geraume Zeit darüber hingegangen ist, blieb mir unser Gespräch in lebhafter Erinnerung. Es hat in den 60er Jahren stattgefunden, als die Wälder in unserem Land und weit darüber hinaus von katastrophalen Sturmschäden heimgesucht worden waren. Die von den Orkanen im Winter entwurzelten oder gebrochenen und zerspellten Nadelbäume waren im Hochsommer noch immer nicht alle aufbereitet.

»Ja, Herr Forstrat, ich benötige Kiefernholz, das bei Neumond gefällt worden ist.« Ich zeichnete sichtbar, was dem Arzt und Menschenkenner zweifellos nicht entgangen sein konnte. Dr. Faun legte eine Pause ein, bevor er mir sein merkwürdiges Begehren näher erläuterte. Es handelte sich, kurz gesagt, um die Erstellung eines Blockhauses zu experimentellen Zwecken. Aha, naturgemäßes Wohnen! Oder vielleicht Tierversuche? Auch mir ist, offen gestanden, beim Haus- und Stallbau Beton von jeher verhaßt gewesen, und so war ich erfreut, einen Gleichgesinnten gefunden zu haben. Außerdem verdiente der unerwartete Kunde angesichts der Absatzschwierigkeiten auf dem Stammholzmarkt ohnehin mein Interesse, wenn er auch zunächst nur 20 Festmeter Forlen zu erwerben beabsichtigte. Kleinvieh macht auch Mist.

Der promovierte Mediziner, der seine Theorien mit akademischem

Ernst und streitbarem Eifer vortrug, hielt mir eine längere Rede, in deren Verlauf ich zu hören bekam, daß allein das während der Saftruhe und bei zunehmendem Mond eingeschlagene Holz gesundes Wohnen verbürge. »Vor allem: ja kein Holz aus dem Sommerhieb.«

Bei den Forlen, die ich dem heiklen Holzkäufer in spe anzubieten hatte, handelte es sich um Sturmfälle, die im Juni aufgearbeitet worden waren. »Oh«, stöhnte mein Besucher. Er war jedoch gleich wieder beruhigt, als ich ihm versicherte, daß die fraglichen Hölzer im Februar bei Neumond vom Sturm geworfen, man könnte auch sagen, von der Natur selbst gefällt worden waren. »Das wäre ja dann«, atmete er erleichtert auf, »das richtige Datum.« »Genau das richtige«, pflichtete ich ihm bei.

Die Situation schien nunmehr gerettet, und was den Holzverkauf, für mich die Hauptsache, anbelangte, bestand wenigstens Aussicht auf Aussicht. Aber der Doktor spann an dem brenzligen Thema weiter. Unvorsichtigerweise warf ich ein, daß im Hochschwarzwald und in den Alpenländern, also gerade dort, wo der Holzbau beheimatet ist, die Sommerfällung seit Jahrhunderten gang und gäbe sei. »Oh«, entrang es sich aufs neue schmerzvoll seiner Brust, »seit Jahrhunderten? Sehen Sie, das ist ja gerade das Übel.« Es sei, versuchte ich ihm klarzumachen, in den tiefverschneiten Hochlagen während der Wintermonate schlechthin unmöglich, Holz einzuschlagen. Deshalb sei dort oben Sommerfällung üblich. Daß vor nicht allzulanger Zeit die Forstämter mit Winterwirtschaft, das heißt Wintereinschlag, von denen mit Sommerwirtschaft, also Holzeinschlag im Sommer, unterschieden worden waren, behielt ich für mich, um den Mann nicht vollends zu verwirren. Er wollte mir nicht abnehmen, daß die zweckmäßige Lagerung und Behandlung der Rohhölzer für die Erhaltung ihrer vielfältigen technischen Eigenschaften erfahrungsgemäß wichtiger ist als der Fällschnitt in einer bestimmten Jahreszeit oder Mondphase.

Dr. Faun sagte mir zu, einen Zimmermann mit der Besichtigung der Kiefern zu beauftragen und mich wieder anzurufen. Hoffentlich hat der Handwerker mehr Humor gehabt als sein Auftraggeber, der nie mehr etwas von sich hören ließ. Den Kaufvertrag konnten wir in den Kamin schreiben.

Dagegen verdankte ich dem Arzt und Menschenfreund, ohne Konsultation geschunden zu haben, einige Ratschläge, von denen ich freilich keinen Gebrauch zu machen gedachte. Selbst eine nur halbherzige Befolgung hätte meine Eß- und Trinkgewohnheiten völlig umgekrempelt, vom Rauchen ganz zu schweigen. Und ob man mit einem Bergkristall unterm Bett besser und gesünder schläft, möchte ich, wenigstens für meine Person, füglich bezweifeln.

Die »gute«, alte Zeit

Der Wahrheitsgehalt dieser Begebenheit ist um so weniger in Frage zu stellen, als ungeachtet der Dezennien, die seit dem bösen Geschehen verstrichen sind, die Erinnerung daran noch immer nicht verblassen will. Glaubwürdige alte Förster und Jäger beiderseits der ehemaligen badischen und württembergischen Landesgrenzen haben die Geschichte getreulich überliefert. Beim »Schuhfranz« ist sie so überzeugend erzählt worden, als ob sie sich jüngst erst zugetragen habe. Und dabei liegt der Vorfall weit, weit zurück in einer Zeit, die einmal die »gute«, alte genannt worden ist. Arm wie die Kirchenmäuse waren die Menschen, und hoffnungslos verschuldet ihre Gemeinwesen. »Numquam Bargeld, semper zerrissene Hosen«, war ein geflügeltes Wort.

Oberämter, Ämter und Vogteien gab es hüben wie drüben. Sie glichen einem Netz beamteter Spinnen, in dem weniger die großen Lumpen und Strolche als vielmehr kleine Sünder, die Bäuerlein und Ackerbürger, auch Bettler und Landstreicher, hängengeblieben sind. Manch einer von ihnen, auf frischer Tat ertappt, hätte besser auf der Stelle die verdiente Tracht Prügel hingenommen, als sich vom Amtmann oder Vogt, weiß Gott wie lang, bei Wasser und Brot in den Turm werfen zu lassen.

Das Forstwesen steckte damals noch in den Kinderschuhen. Die Förster jener Tage, die sich am liebsten Jäger nennen ließen, waren allesamt aus dem Soldatenstand hervorgegangen und – kein Wunder! – meist rüde, verwegene Burschen. Erst mit Napoleon, dann gegen ihn kämpfend, sind sie in halb Europa herumvagabundiert. Sie hatten marschieren und parieren gelernt, hauen, stechen und schießen, Weiber umlegen und Humpen schwingen. Alles weitere mag Gott ihren armen Seelen verziehen haben.

Endlich in einem bürgerlichen Beruf gelandet, glaubten manche dieser Grobiane, ungeachtet der Dienstvorschriften herrischer sein zu müssen als ihre Herrschaft. Neue Besen kehren gut. Beerenweiber, zumal die jungen, die in einem verhängten Schlag erwischt wurden, hatten nichts zu lachen. Daß während eines hitzigen Handgemenges »die Axt des Frevlers und der Hirschfänger des Jägers«, wie dieser unter Eid zu Protokoll gegeben hat, »mehrfach den Besitzer wechselten«, glauben wir aufs Wort. Ein Hirschfänger ließ sich ebenso in die Brust des Gegners stoßen wie hinters Blatt eines Zwölfenders.

Wer beim Zusammenprall mit einem rabiaten Wilddieb sein Terzerol zu spät zog, blieb unweigerlich auf der Strecke. Ein Kampf auf Leben und Tod, fernab der Justiz! Kurzum, der Forst- und Jagdschutz war ein harter Beruf in der »guten«, alten Zeit.

Den vom Hilfsjäger zum Revierförster avancierten, ausgedienten damaligen Cavallerie-Lieutenant traf es wie eine Strafe Gottes, daß er, obwohl es ihm zugestanden hätte, noch immer kein Dienstpferd besaß. Was für ein erbärmliches Leben hatte er eingetauscht!

So mußte er eben wieder einmal die fällige Grenzbegehung zu Fuß machen. 10 000 Ruten, das sind 30 Kilometer, und alles auf Schusters Rappen. Zur Unterhaltung nahm er den Jägerpurschen mit, der später einmal in seine Fußstapfen treten sollte. Wie gewöhnlich führten die beiden ihre Doppelflinten. Der alte Soldat hatte außerdem im Futter seines grünen Rocks griffbereit eine Faustfeuerwaffe stecken und den Hirschfänger an der Seite hängen. Marschverpflegung für zwei Mann, den Waldhammer und anderen Kleinkram trug der Gehilfe in einem Waidsack bei sich. Er war des Lesens und Schreibens einigermaßen kundig, aber nicht alles, was ein angehender hirsch- und holzgerechter Hubertusjünger wissen und können mußte, lernte man damals aus Büchern. Dem gestrengen Chef, der sein Augenmerk mehr auf Wild und Wilderer als auf die Pflege der Waldbestände zu richten gewohnt war, galt allein die grüne Praxis. Alle Fragen, mit denen er seinen Begleiter in Verlegenheit brachte, betrafen nichts anderes als das von ihm hochgepriesene edle Waidwerk. So wollte er plötzlich wissen, was ein Jägerpursche tun muß, der einem Wilderer das Licht ausgeblasen hat. Um Gottes willen! Schon der Gedanke an einen derartigen Greuel erschreckte den braven Jungen maßlos. Doch faßte er sich alsbald wieder und fand – so meinte er wenigstens – die richtige Antwort: »Ich geh' halt aufs Oberamt und erstatte Meldung.« – »Hm«, brummte der Förster und schritt weiter zügig voraus von Lochen zu Lochen, diesen

auffallenden Grenzzeichen, bis sie an einem uralten, riesigen Dachsbau anlangten. Dort wies der Alte mit der trockenen Bemerkung »Des isch *mei* Oberamt« auf eine Röhre, aus der ein Paar verschimmelte Stiefel und zwischen Stoffresten vier gebleichte Knochen hervorlugten.

Kleiner Grenzverkehr

Zwischen Nachtweid und Tiefenwies, dem Stadtwald von Schaffhausen und dem badischen Staatswald, zieht ein Grenzweg stichgerade von Nord nach Süd. Unvermittelt aber biegt die grüne Grenze irgendwo rechtwinklig ab und führt jäh in eine Schlucht hinunter. Der ahnungslose Wanderer, der sich natürlich nicht in die Tiefe stürzen möchte, sondern weiter dem bequemen, sicheren Waldweg folgt, gerät, wenn er nicht höllisch aufpaßt, unweigerlich von der Schweiz in die Bundesrepublik. Aber das ist nun einmal so im ehemaligen Zollausschlußgebiet, dem die alten Schmuggler noch immer wehmütig nachhängen.

Wenn im Schaffhauser Klettgau während der Herbstmanöver Sika- und Schwarzwild, durch Platzpatronenschüsse und Kanonenschläge aufgeschreckt, ihre Einstände verlassen haben, war meine Zeit gekommen. Dann bin ich mit Vorliebe durch die grenznahen Wälder gepirscht, zuweilen mit, öfter ohne Waidmannsheil.

So ging ich wieder einmal, Gewehr auf dem Rücken, Hund an der Leine, den Heubergweg hinauf. Von Norden, dem schweizerischen Laufenberg her, kam mir im Frühnebel ein unbekanntes Etwas entgegen. Mit seinen verschwommenen Umrissen glich es von weitem eher einem geringen Hirsch als einem Menschen. Und dennoch war's ein Mensch, ein Schweizer auf Kriegspfad, der Größe nach ein Appenzeller. Ich ging in Deckung und ließ ihn auflaufen, wie der Jäger sagt. Als er nahe genug heran war, trat ich hinter meinem Baum hervor, um ihn mit einem freundlichen »Grüezi« in Deutschland willkommen zu heißen. Beherzt erwiderte er den Gruß. Dabei öffnete er nach Ritterart höflich das Visier. Besser gesagt: er schob sein Ungetüm von Stahlhelm alter Art, Baujahr 1940, ins Genick und blickte erstaunt um sich. Der Gefechtslärm war inzwischen verstummt. Wo er denn eigentlich sei, wollte der Fremde nun von mir wissen. »Eigentlich in Kriegsgefangenschaft«, mußte ich den Versprengten enttäuschen, der ich selbst 18 Monate hinter Stacheldraht gesessen hatte und erst vor kurzem entlassen worden war. Anstatt sich zu bedanken, gurgelte mir der Eidgenosse einen unverständlichen Kampfruf entgegen, aus dem nur das Wort »Hurrä« oder so ähnlich herauszuhören war. Genausogut hätte es allerdings ein derber Fluch gewesen sein können. Trotz schwieriger Verständigung wechselten wir noch einige Worte. Hiernach gab ich ihm quer durchs Buchenaltholz das Geleit bis zur Grenzschlucht, in die er mit dem schweren, sicheren Schritt des Bergbauern hinunterstieg. Von oben her blickte ich ihm eine Weile nach. Seine Gestalt wurde immer unkenntlicher, bis sie der Nebel vollends verschlungen hat. So großzügig wird hierzulande der kleine Grenzverkehr abgewikkelt.

Späte Retourkutsche

In den Kiefernbeständen um Karlsruhe hatte sich ein Forstschädling, die Buschhornblattwespe (Lophyrus pini) ungewöhnlich stark vermehrt. Es war so schlimm, daß der Raupenkot wie ein milder Dauerregen niederrieselte und den Boden um die Stämme der befallenen Bäume zentimeterhoch bedeckte. Man beschloß deshalb in der Chef-Etage des Finanzministeriums – Forstabteilung –, Experten der Landessammlungen für Naturkunde zu Rate zu ziehen.

Für den übernächsten Tag wurde eine Exkursion im Hardtwald vereinbart. Teilnehmer waren zwei Ministerialbeamte der altbadischen Forstpartie, der ältere in Zivil, der jüngere in Uniform. Am Rand figurierte ein weiterer alter Forstrat, der Dienstvorstand des Forstamts Karlsruhe-Hardt. Als Gesprächspartner hatten sich ein Professor Dr. phil., Fachwissenschaftler der Insektenkunde, und der Präparator des Naturalienkabinetts, erfahrener Ornithologe mit überragenden Feldkenntnissen, eingefunden.

Der Zivilist, offenbar der Rangälteste unter den drei Grünen, führte die Waldbegehung. Unentwegt dozierend, bemängelte er dies und jenes. Er genierte sich auch keineswegs, der Jägerschaft eins auszuwischen, indem er erklärte, die Wilderer seien seine besten Freunde, bessere als alle Jäger. Die Unterhaltung war unerquicklich, zumal der hohe Herr keinen anderen zu Wort kommen ließ. Als die Exkursion gegen Mittag eine vom Lophyrus befallene Kiefern-Versuchsfläche erreicht hatte, wollten die beiden Spezialisten wissen, was die an den Stämmen angebrachten Farbringe zu bedeuten hätten. »Wozu die weißen Ringe gut sind?« schnodderte der Wortführer in seiner bekannten Art daher, »ganz einfach, damit die Förster Ober- und Unterkiefer auseinanderhalten können, hahaha!« Dieser Scherz kam schlecht an. Die Herren ersparten sich weitere Fragen und gingen zum Tagesthema über: Lebensweise und Bekämpfung der Buschhornblattwespe, Lophyrus pini.

In Eggenstein »Zur Rose« fand die Schlußbesprechung statt. Man kam überein, der Natur alles Weitere zu überlassen. Bei anhaltend naßkaltem Wetter müßte eigentlich die Massenvermehrung von allein zusammenbrechen. Und so kam es auch.

Wieder einmal hatte sich die Weisheit des alten Grünrocks bestätigt, daß Geduld die erste forstliche Tugend sei. Außenstehende drückten sich anders aus: »Am schönsten hat's die Forstpartie, der Wald, er wächst auch ohne sie.«

Der Lophyrus-Fraß war längst vergessen, da tauchten die beiden Ministerialbeamten überraschend in den Landessammlungen für Naturkunde auf. Der Ornithologe hatte gerade den präparierten Balg eines Flußuferläufers und dessen Gelege vor sich auf dem Werktisch. Daß die vier gefleckten Eier das Körpergewicht des Weibchens weit übersteigen, fanden die Herren fürwahr erstaunlich. »Wieso«, fragte der Wortführer von damals, »kann denn überhaupt dieses kleine Vögele so große Eier legen?« – »Ganz einfach. Weil es so ein großes Arschloch hat.«

Glück im Unglück

Herr Rau betrieb einen einträglichen Holzhandel und war in der Welt herumgekommen. Der füllige Mann, stets auf seine Gesundheit bedacht, zog einen guten Landwein jedem anderen Getränk vor. Schnaps nahm er höchstens nach einem Schlachtessen zu sich und nur als Medizin, wie er immer wieder betonte. Trotzdem war er gelegentlich gezwungen, aus Gründen geschäftlicher Höflichkeit bei den Waldbauern ein Kirschwasser, einen Obstler oder einen Topinambur zu trinken.

Das Vokabular alemannischer Schimpfwörter ist unerschöpflich. Je nach Landesgegend steht einer als dummer Siech, blöder Kaib oder Fötzel da, wenn er ablehnt, was ihm in aller Gastfreundschaft angeboten und auf den Tisch gestellt wird. Mit so einem Furzfänger macht der biedere Landmann nicht gern Geschäfte. Die Holzhändler wissen dies genau und richten sich danach.

Der Abschluß über zwei Wagenladungen Papierholz war vom Waldbesitzer und Herrn Rau mit Handschlag bekräftigt worden. (Im Einkauf liegt der Gewinn!) Ein Schnaps sollte das Geschäft endgültig besiegeln. Die Bäuerin war wohl aushäusig. Deshalb krustelte der Waldbauer selber im Känsterli, einer Art Vitrine, 'rum, bis ihm nach langem Suchen und Fluchen endlich zwei Gläser in die Hand fielen. Sie waren von der alten Art, wie man sie früher öfters zu sehen bekam: milchig-trüb, obenherum mit einem zierlichen Goldrand.

Dem Handelsmann war nicht entgangen, daß es in der Schnapsflasche, die sein Geschäftsfreund aus dem Uhrenkasten hervorgeholt hatte, aussah wie in einem Aquarium. Da drinnen stieg allerlei Kleinzeug auf und nieder, lebloses zwar, aber immerhin . . .! Dessen ungeachtet lobte der Schnapsbrenner sein Chriesiwässerli über den Schellenkönig und schenkte sich und seinem Gast ein Glas ein, voll bis zum Goldrand. Herr Rau wollte eigentlich nur daran nippen. Er hoffte inständig, den Rest bei guter Gelegenheit heimlich zum Fenster hinaus oder sonstwohin schütten zu können. Aber kaum hatte er ein Schlückchen über die Lippen gebracht, da brannte es ihm auch schon wie's höllische Feuer auf der Zunge. Als ob ihm der Kreisel ausginge, so erbärmlich war ihm zumut. Augenblicklich spuckte er das Feuerwasser und mit diesem zusammen so Stücker zehn Stecknadeln in hohem Bogen über den Tisch. Sein Gegenüber glotzte nur dumm und rief »Hoppla!«, indes der Pechvogel aufsprang und mit Daumen und Zeigefinger in seiner Mundhöhle rumfuhrwerkte. In diesem Moment streckte die Bauersfrau den Kopf durch den Türspalt. Obwohl die Schlaubergerin die Situation sofort erfaßte, kam kein Wort der Entschuldigung über ihre Lippen. Statt dessen schilderte sie weitschweifig, wann, wie und wo ihr die junge Katze das Nadelkissen verschleift hatte. Seither hätte sie die Näh- und Stecknadeln in dem einen, die Hexegufe in einem anderen Schnapsglas aufbewahrt. Sie war halt eine ordentliche Hausfrau.

Ein Jammer, wenn der nette alte Herr womöglich auf diese klägliche Art ums Leben gekommen wäre.

Die Sache mit dem Klavier

So hatte sie angefangen, die Sache mit dem Klavier: Im »Löwen« saßen die Förster nach einer Treibjagd in heiterer Runde beisammen. Man hätte gern gesungen, aber nicht a cappella, und weil der Wirt kein Klavier besaß, mußte dem Bürgermeister seines her. Es war gar nicht einfach, das Pianoforte nächtens über die vereiste Straße von einem Haus ins andere zu transportieren. Mitten auf der Fahrbahn wurde es zum ersten Mal abgestellt. Die Träger, vier ausgesucht kräftige Mannsbilder, beratschlagten, wie man die zentnerschwere Last, und sei's nur um ein weniges, verringern könnte. Indessen hat schon der fünfte, eben jener, um den es sich bei der Sache mit dem Klavier hauptsächlich handelt, zwei Deckel und die beiden Vorderwände samt Kerzenhaltern abgebaut. Das war nicht ohne Geklimper vor sich gegangen, und dieses wiederum hat einige dörfliche Nachtschwärmer angezogen. Ungeheißen stellten sich die Bauernburschen in den Dienst der guten Sache und schleppten die abgewrackten Teile durch die Wirtsstube ins Nebenzimmer. Der Torso wurde zum Gaudium der Hausgäste hinterhergetragen.

Der Chef, fünfter Mann bei dem glücklich verlaufenen Unternehmen, setzte sich an die Bierorgel und stimmte den »Hirsch im wilden Forst« an. Gastschützen und Förster fielen ein und sangen wacker mit. Der Abend, dessen weiterer Verlauf damit vorgezeichnet gewesen ist, war gerettet.

Daß sich die Sache mit dem Klavier herumsprechen würde, war zu erwarten. Bald danach war der Forstmeister zur Drückjagd im Nachbarbezirk eingeladen. Was »seine« eigenen jungen Förster damals beim letzten Trieb fertiggebracht hatten, ließ die anderen nicht ruhen. Kaum war abgetragen, schafften drei musikbegeisterte Mannen eine wurmstichige Drahtkommode auf dem Rutschweg über eine steile, schmale Hühnerleiter vom Speicher mitten ins Lokal. Die Wirtin schrie entsetzt auf.

Bevor der musikbegabte Jagdgast und Nachbarkollege in die Tasten griff, zwang man ihn, die schalldämpfenden Vorderwände des Klaviers zu entfernen – für ihn ein Spauz. Im Laufe der Zeit entwickelte er darin eine solche Geschicklichkeit, daß er während seiner musikalischen Darbietungen mit wenigen Handgriffen die abnehmbaren Teile in Sekundenschnelle zu demontieren wußte. Je mehr er allerdings die technisch-mechanische Seite seiner ungewöhnlichen Freizeitbeschäftigung vervollkommnete, desto weniger konnte sich die künstlerische entfalten. Indem er dem Geschmack seiner Zuhörer nachgab, sank der bedauernswerte Mensch, musikalisch gesehen, von Stufe zu Stufe. Sein Repertoire nahm vulgäre Formen an und schrumpfte bedenklich zusammen, bis es schließlich nur noch aus Jäger- und Lumpenliedern, einigen Märschen und Evergreens bestand. Die hämmerte er auf den verschiedenartigsten Instrumenten herunter, deren Benutzung ihm überall, wo er auch hinkam, geradezu peinlich aufgedrängt wurde. Schließlich hing ihm das Klavierspielen zum Hals 'raus, und er machte um jedes Piano einen großen Bogen.

Von manchen seiner Brüder in Huberto beneidet, ist er in reiferem Alter an den Bodensee versetzt worden. Sein Ruf als Waidmann und die Sache mit dem Klavier, mit der er nichts mehr zu tun haben wollte, waren ihm vorausgeeilt. Als der neue Forstamtsleiter erstmals auf der berühmten Blumeninsel zu einem Jagdfrühstück eingeladen war, saß er zur Linken der Schloßherrin. Die ungezwungene Unterhaltung drehte sich weder ums Waidwerk noch um die Musik. Bevor die Tafel aufgehoben worden ist, überraschte ihn die Gräfin mit den von einem feinen Lächeln begleiteten Worten: »Wie ich gehört habe, Herr Forstmeister, pflegen Sie zum Nachtisch Klaviere auseinanderzunehmen. Ich könnte Ihnen allerdings nur mit einem Stutzflügel dienen.«

Mit dieser reizenden Episode, meine ich, hätte die bekannte Sache in einem würdigen Schlußakkord verklingen können. Aber nein, der entartete Musikant ist trotz Flüchen und Schwüren rückfällig geworden.

Bei der Usfägete, dem Kehraus der Konstanzer Fasnet, saß in der Dominikanerstube des Insel Hotels ein baumlanger Hamburger Zimmermann mit seiner Hafenbraut, hinter deren Maske sich allerdings auch ein Mannsbild versteckt haben könnte. Inmitten des Raumes stand ein verwaister Klimperkasten aus Zeppelins Zeiten, auf dem der Hamburger kurz vor Mitternacht den Rausschmeißer zu spielen begann. Schon nach wenigen Takten hielt er inne, um das Klavier seiner Vorderfassade zu berauben, deren Einzelteile das stämmige Matrosenliebchen unter dem Gejohle der Narren hinter der Theke in Sicherheit brachte. Mit dem ersten Glockenschlag der zwölften Stunde verließ das merkwürdige Paar, ohne sich weiter um das von ihm geschändete Objekt zu kümmern, durch den Kreuzgang unerkannt »das Insel«.

Am Aschermittwoch betraten zur Katerfrühstückszeit zwei scheinbar seriöse Herren gesetzten Alters die Dominikanerstube. Das helle Hammerwerk des nackten Klaviers bleckte sie vorwurfsvoll an. Der jüngere der beiden, als Stammgast vom Geschäftsführer überaus geschätzt und deshalb besonders schmeichelhaft begrüßt, wies wortlos auf den Torso hin. »Ja, denken Sie nur«, entschuldigte sich der Herr im dunklen Anzug, »da waren doch gestern abend so zwei finstere Kerls hier, die haben mir das wertvolle Instrument kaputtgemacht.« – »Ach, das bedarf gewiß nur einiger Handgriffe. Mein Freund ist sehr musikalisch und versteht was von Klavieren. Vielleicht kann er Ihnen behilflich sein.« Und so geschah es.

Dies war wirklich das letzte, das allerletzte Mal, daß den inzwischen ergrauten Forstmann die Sache mit dem Klavier beschäftigte. Es war aber auch das erste Mal, daß ihm und seinem Freund die Rechnung von der Geschäftsführung des »Insel« erlassen wurde.

Der Kronprinz

Das Dorf war zwar winzig klein, aber anscheinend doch groß genug, um sich, wie man auf dem Rathaus glaubte, weiterhin eine eigene Verwaltung leisten zu können. Die Vorschläge zweier fortschrittlicher Nachbargemeinden, sich ihnen anzuschließen, wurden hochmütig abgelehnt. Nein, man wollte trotz mißlicher Erfahrungen mit dem hiebsreifen Amtsinhaber wiederum einen Mann aus den eigenen Reihen haben.

Kronprinz und aussichtsreichster Kandidat war der Bürgermeister-Stellvertreter mit dem treffenden Spitznamen »Pudding«. Bislang schon hatte er dem Alten, dessen Tage gezählt waren, recht und schlecht unter die Arme gegriffen. Seine kommunalpolitische Karriere hatte damit begonnen, daß er vom Narrenverein auf einen Gemeinderatssessel gelupft worden war. Mittlerweile hatte er sich dann weitere kulturelle Domänen des dörflichen Lebens erobert. Von seiner Bauernschläue abgesehen, besaß er keine weiteren Eigenschaften, die ihn für das angestrebte Amt befähigt hätten. Um sein Ziel zu erreichen, war ihm jedes Mittel recht. Vor Allerheiligen ließ er sich auf dem Kirchhof sehen, ging jungen und alten Witwen bei der Grabpflege und sonstwie zur Hand oder erteilte weiß Gott was für Ratschläge. Daß er kurz vor der Wahl beim Betreten des Ratssaales neben der Gemeindeordnung (GO) auch das Gebetbuch auffallend sichtbar unterm Arm trug, hob die Heimatzeitung ausdrücklich hervor. »Vor Eintritt in die Tagesordnung zog der Bürgermeister-Stellvertreter seine GO und ein Gebetbuch aus der Tasche . . .«

Anläßlich einer ähnlichen Gelegenheit lernte auch ich den Kronprinzen kennen, einen Wichtigmacher und Sprüchklopfer mit nichtssagender Visage. Seine Gesichtszüge belebten sich auch dann nicht, wenn er das Wort ergriff, das er, wie alle Debatten-Seicher, ungern wieder abgab. Mit seinem Geschwafel verbreitete er gähnende Langeweile. Der Sitzungsleiter, Vertreter des Landrats, kritzelte einige Worte auf einen Bierfilz, den er mir hinschob, um ihn aber sogleich wieder an sich zu nehmen. Dabei glitt ihm der Bierdeckel mit dem Vermerk *»Hört sich gern reden«* aus der Hand und rollte pfeilgrad vor den Schwätzer. Doch der geborene Politiker ließ sich dadurch ebensowenig aus der Ruhe bringen wie durch das zunehmende Räuspern in der Runde. Es war so, wie wenn man einen Ochsen ins Horn gepfetzt hätte.

Dem Wahltag sah der Kronprinz in aller Ruhe entgegen, nachdem er nochmals die Runde durchs Dorf gemacht hatte, um sich auch bei dem letzten seiner Mitbürger anzubiedern. »Ohr für alle, Herz für alle«, hieß sein Wahl-Spruch. Zwei Umstände kamen ihm besonders zustatten. Zum ersten legte er vor versammelter Gemeinde das feierliche Versprechen ab, im Falle seines Wahlsieges die gesamte Bevölkerung freizuhalten. (So was zieht allemal.) Zum anderen hatte er, was entscheidend war, die Geistlichkeit auf seiner Seite. (Ein frommes Wort zur rechten Zeit am rechten Ort hat schon immer Wunder gewirkt.) »Wir bitten Dich, erhöre uns!« Diese Beschwörung hatte sogar bei einer politisch weit schwerwiegenderen Abstimmung in der großen Kreisstadt den Ausschlag gegeben. Und was dem einen recht war, mußte dem anderen billig sein, auch wenn sich's in diesem Fall nur um den Bürgermeister einer unbedeutenden Landgemeinde handelte.

So ist der Kronprinz mit Gottes Hilfe, einem Faß Bier, Würsten und Wecken zum ersehnten Wahlsieg gekommen. Kaum war die Zählung der rund 120 Stimmzettel ohne Zwischenfall beendet, eilte der blauuniformierte Bot' wie in alter Zeit mit der Schelle durchs Dorf. An allen Straßenecken, in den entlegensten Winkeln lauschte man seiner monotonen Ansage: »Es wird bekanntgemacht, daß es heute abend im ›Kranz‹ vom Herrn Bürgermeister gestiftetes Freibier, Würst' und Wecken gibt.« Ehrensache, daß alle kamen. Auch diejenigen, die nie daran gedacht hatten, den Pudding zu wählen.

Anderntags ist vom Narrenverein traditionsgemäß eine stolze, mit bunten Bändern gezierte Fichte vor dem bürgermeisterlichen Anwesen aufgerichtet worden. Der damit Geehrte überschlug, daß er mit dem Erlös aus diesem Stamm vierter Klasse gut die Hälfte der ihm vom Kranzwirt präsentierten Rechnung berappen könnte. Das war des Bürgermeisters erstes und letztes Erfolgserlebnis. Bald danach, noch bevor die Selbständigkeit des 900 Jahre alten Dörfchens der sogenannten Gemeindereform zum Opfer fiel, hat ihn der Schlag getroffen.

Rot und Schwarz

Der pure Zufall hatte die beiden Herren aus dem Rhein- und Saarland in einem Schwarzwälder Bauernhof zusammengeführt. Sie wollten eine Woche lang ausspannen, fern von lästigen Amtspflichten Ruhe und kräftige Landluft genießen, weiter nichts. Nennen wir sie der Einfachheit halber Herr Rot und Herr Schwarz, womit zugleich ihre parteipolitischen Standorte klipp und klar umrissen sind. Eine tiefe Kluft trennte beider Weltanschauungen voneinander. Das sollte sich schon am ersten Tag zeigen.

Die Urlauber hatten sich nach dem ausgiebigen Begrüßungsvesper, das in der Küche eingenommen worden war, ohne Verzug in die behäbige Wohnstube begeben, um ja nicht die Abendnachrichten zu verpassen. In Erwartung des kommenden heißen Arbeitstages waren die Wibervölker mit den Hühnern ins Bett gegangen. Der Hoferbe eilte auf Freiersfüßen ins Nachbartal, und von seinen jüngeren Brüdern hatte der eine Früh-, der andere Nachtschicht »ins Koehlers«, einer weithin bekannten Papierfabrik. So mußte eben Schorsch, der Hofbauer, wohl oder übel bei den Gästen ausharren und die Honneurs machen. Das heißt, während sich die Herren, heftig politisierend, in die Haare gerieten, hockte er abseits auf der Ofenbank, gähnte ein ums andere Mal und schielte nach der Kuckucksuhr. Für ihn war nämlich um fünf Uhr in der Früh die Nacht vorbei. Von Zeit zu Zeit schlurfte er in den Keller, kam mit dem vollen Mostkrug zurück und stellte ihn zwischen die Streithämmel auf den Tisch. Auch versäumte er nicht, ihnen ab und zu ein Kirschwasser einzuschenken. So verlangt es die althergebrachte Sitte der Gastfreundschaft. Der einheimische Kenner weiß, wie gefährlich das Durcheinander von Most und Schnaps ist. Den Fremden schien diese Kombination aber wenig anhaben zu können. Gegen Mitternacht endlich suchten die beiden, leicht angesoffen und schwer verstimmt, ihre Zimmer auf und ließen sich in die Bettladen fallen.

Am nächsten Tag war dasselbe Theater. Die Gegner hatten sich nun offenkundig aufeinander eingeschossen. Kaum war die Tagesschau zu Ende, begannen schon wieder die unfruchtbaren, ärgerlichen Auseinandersetzungen um nichts und wieder nichts, wie der Schorsch meinte. Es kotzte ihn regelrecht an. Auf meine Frage, wie er denn das Geschwätz und die nächtliche Hockerei auf die Dauer ausgehalten habe, gestand er mir: »Am dritte Tag hab' i ihne Vorlauf gee. Aber no sin se ins Nescht. Und jetzt will i dir noch ebbes verrate. Wie der hoch B'such do g'si isch, hab' i ihm aa 65prozentiger vorg'setzt. Und der Satan hät ihn bi Gott g'soffe und hät g'sait: ›Bei dem merkt man wenigstens, wo er hinfließt.‹ Du, der vertragt ebbes.«

Kurze Berufsberatung

Mächtig aufgetakelt betrat eine lebhaft bemalte, mollige Enddreißigerin mit ihrem Jungen mein Dienstzimmer. Die Dame schien mir recht leger zu sein. Kaum hatte sie sich's bequem gemacht, sofern bei staatseigenen Sitzmöbeln von Bequemlichkeit die Rede sein kann, fingerte sie ein Zigarettenetui aus ihrer Handtasche und ließ sich Feuer reichen.

»Hach, ein schöner Beruf«, seufzte sie mich an und blies mir, während sie sich ungeniert im Zimmer umsah, die erste Rauchwolke ins Gesicht. Sie sei gekommen, legte sie nun los, um sich nach Ausbildung und Berufsaussichten eines Försters zu erkundigen. Dem folgenden Wortschwall war zu entnehmen, daß die wißbegierige Dame bei der Idee, ihrem Sohn »den Weg in diesen Beruf zu ebnen«, wie sie sich ausdrückte, von Ganghoferschen Romanfiguren angeregt worden sein muß. Vielleicht hatte sie auch den Förster vom Silberwald, einen Filmhelden jener Tage, vor Augen gehabt.

Der Bub saß gelangweilt dabei und guckte durch die Sprossenfenster den Möwen zu, deren Flugspiele über den Dächern der Altstadt den ersten Schnee erwarten ließen. Auf meine Frage, weshalb er Förster werden wolle, kam die übliche Antwort eines Vierzehnjährigen, in dessen Vorstellung ein Bilderbuchförster lebte.

Womit sich der Junge in seiner schulfreien Zeit beschäftige, wandte ich mich wieder an die Dame. »Mit Vögeln«, bekam ich zur Antwort. Das war freilich etwas einseitig. Ich bemühte mich, das verquere Berufsbild bei Mutter und Kind zurechtzurücken und beide behutsam mit der rauhen Wirklichkeit vertraut zu machen.

Dazumal war jeglicher Maschineneinsatz im Forstbetrieb völlig unbekannt. Es gab weder Schlepper noch Motorsägen, von schweren Wegebaumaschinen ganz zu schweigen. Die Waldarbeit war ungleich härter als heute. Auch der Forstlehrling hatte von der Pike auf handwerklich zu dienen. Drei Jahre dauerte die praktische Ausbildung bei einem

Lehrförster, während der ihm nichts erspart blieb. Erst wenn der Lehrling mit allen Arbeiten vertraut war und sämtliche Geräte aus dem Effeff beherrschte, wurde er in die Forstschule einberufen.

Aber so weit sollte ich mit meinen Erklärungen gar nicht kommen. Bislang hatte ich noch kein Wort gesprochen über die Gabe, mit überraschenden, naturbedingten Situationen fertig zu werden, oder über das Organisationstalent, das von jedem Förster erwartet werden muß. Noch war ich erst dabei, der besorgten Mutter zu erläutern, welche Tätigkeiten ihr Söhnchen in der Lehrzeit erwarteten. Als zum ersten Mal die Stichworte Axt und Säge fielen, sah mich die Dame mit hochgezogenen Brauen an.

»Ja, und das alles mit den Händen?«

»Ja gewiß, alles mit den Händen.«

Wie von der Natter gebissen fuhr sie in die Höhe.

»Danke, das genügt mir!«

Mit angedeutetem, leichten Kopfnicken verabschiedete sich die Dame, und der Bub stoffelte hinter ihr her.

Keine zwei Zigarettenlängen hatte die Berufsberatung gedauert.